RICARDO PIGLIA

LA FORMA INICIAL
Conversaciones en Princeton

ediciones
lanzallamas

LA FORMA INICIAL
Conversaciones en Princeton

Colección Erdosain

© Ricardo Piglia
© Ediciones Lanzallamas

San José, Costa Rica.
Apartado Postal 7202-1000 San José
Correo electrónico: info@edicioneslanzallamas.com
www.edicioneslanzallamas.com

Juan Murillo y Guillermo Barquero, editores
Mónica Lizano, diseñadora de la colección
Alejandra López, fotografía del autor

Texto basado en la edición original de Arcadio Díaz Quiñones
y Paul Firbas

864
P631f
          Piglia, Ricardo
          La forma inicial: conversaciones en Princeton /
          Ricardo Piglia. –1a. ed.– Cartago, C.R.: Ediciones
          Lanzallamas, 2016.
          288 p.; 14 x 21 cm. - (Colección Erdosain; 2)

          ISBN 978-9968-636-24-7

          1. Ensayo. 2. Literatura latinoamericana. I. Título

Escenas de lectura, prólogo de Carlos Fonseca

> Hizo que le tocara la cabeza para notar la cicatriz que
> dio lugar a "El Sur". No fue posible percibir ninguna
> marca, pero sentí que el acto era, en algún sentido, un
> ritual para él.
>
> RICARDO PIGLIA, *LOS DIARIOS DE EMILIO RENZI*

Un lunes. Pero no un lunes cualquiera. Ese lunes 27 de septiembre de 1965, Ricardo Emilio Piglia Renzi interrumpe su diario con una entrada que fuerza al lector a detenerse: "*Encuentro con Borges*". Para ese entonces tiene veinticuatro años. Ha pasado la semana anterior —tal y como leemos en las páginas que le preceden— envuelto en las típicas andanzas de un intelectual de veinticuatro años: se ha emborrachado con sus amigos, ha escuchado en un bar local a una joven folklorista de nombre Mercedes Sosa, ha leído a Hegel y ha preparado una clase. En una de esas noches de parranda, incluso, ha terminado en la cárcel. Nada de eso, sin embargo, importa al momento de escribir, en la entrada del 27 de septiembre de 1965: "*Encuentro con Borges.*" Nada de eso importa al momento de anotar, inmediatamente seguido: "Sensación de estar frente a la literatura." El muchacho de veinticuatro años que escribe esto, el muchacho que sentado frente a Borges cree sentirse frente a la literatura misma, no es todavía un escritor. Al menos no ha hecho eso que algunos dicen hacen los escritores: no ha publicado un libro. Ha publicado, es cierto, unos cuantos cuentos, ha

colaborado en revistas, incluso ya comienza a imaginar lo que será su primer libro, *Jaulario*. Pero no
ha publicado un libro. Su diálogo con la literatura
es por ende puro, idealista, directo como lo son las
religiones.

Podemos imaginar entonces el carácter fundacional
de lo que se relata en la entrada de ese lunes: la forma
en la que Borges, ya para ese entonces con la ceguera
a cuestas, anima al joven aspirante a escritor a que
toque su rostro, a que busque la cicatriz que dio lugar a "El Sur." Podemos imaginar al joven Piglia, con
los espejuelos de lector que lo caracterizarán de por
vida, arrimándose a la cara del maestro y buscando,
con un tanteo indeciso y nervioso, la cicatriz de ese
accidente que marcó la entrada definitiva de Borges
en la historia de la literatura. Como fisgones literarios,
accedemos así a una escena que despliega un juego
de mitos de origen. Por un lado Borges, mostrando la
cicatriz de ese accidente que lo llevaría al borde de la
muerte por septicemia, pero que a su vez le regalaría
el argumento de dos cuentos que cambiarían la historia de la literatura en castellano: "El Sur" y "Pierre
Menard, Autor del Quijote". Y por otro lado el joven
Piglia, que mientras toca indeciso el rostro del maestro —ese rostro que en mucho se asemeja al rostro
de la literatura misma— esboza sin darse cuenta una
metáfora perfecta de lo que pronto se convertirá en su
poética: esa forma en la que su obra se convertiría, a
través de los años, en una gran búsqueda de la esencia
de lo literario.

"*Encuentro con Borges:* Sensación de estar frente a la literatura." Lo que la magnífica escena de ese lunes 27 de septiembre de 1965 esboza es el mito de origen de un escritor que no se contentaría simplemente con narrar excelentes historias, sino que se adentraría en los libros siempre con la intención de hallar el origen mismo de la ficción —esa cicatriz de nacimiento de lo literario— aún a sabiendas de que tal vez tal cosa no existe, o si existe, le pertenece así mismo al mundo de la ficción. Por decirlo de otro modo: la escena esboza la *forma inicial* de un mundo literario dentro del cual la lectura y la escritura se invierten y se confunden con la misma extraña valentía con la que un lunes de otoño Borges ofrece su rostro como evidencia de una vida vivida literariamente.

***

En los años que siguen ese muchacho de espejuelos gruesos y pelo rizado intentará desenvolver las consecuencias de esta escena inicial. Intentará, por así decirlo, pensar lo que podría significar *vivir literariamente.* Evitará las respuestas fáciles: el malditismo romántico, el dandismo literario, la figuración del intelectual público. Heredero de Borges, pero también de Macedonio Fernández, contemporáneo de Italo Calvino y de Juan José Saer, Ricardo Piglia lo apostará todo en una propuesta más sencilla: vivir literariamente significará —para él— elucidar lo que significa ser un lector.

***

No extraña entonces que a Piglia le guste recordar una frase de William Faulkner: "Escribí *El ruido y la furia* y aprendí a leer." Magistral, agudo como pocos, el argentino ha dedicado su carrera como escritor y crítico a desenredar los nudos narrativos que se esconden detrás de esta paradójica declaración. Al cabo de cinco décadas, el nudo sigue desenrollándose y sirviendo de tela para una prolífica obra en la que la ficción y la crítica se entretejen y se confunden con una singular voluntad poética. Desde su primer libro de cuentos, *La invasión*, publicado en 1967, hasta la primera entrega de *Los Diarios de Emilio Renzi*, publicada hace solo unos meses, Piglia ha logrado construir una épica literaria en la que el lector se establece como protagonista y héroe. Concebida como una vasta investigación literaria dentro de la cual el género policial convive con los experimentos de la vanguardia, dentro de la cual la crítica literaria convive con la ficción, la obra del argentino esboza un impresionante tapiz conceptual dentro del cual logramos distinguir la silueta, siempre esquiva, de un lector valiente que se lanza en busca del origen de la ficción. El que narra, parece sugerir Piglia, relee la historia de la literatura como si investigase las huellas de esa *forma inicial* o primer relato que da título a este libro de conversaciones y entrevistas. El que narra intenta encontrar esa cicatriz que un lunes de otoño Borges ofreció al tacto de un joven profesor de letras.

***

No ha de extrañar tampoco que Piglia imagine la
historia de la literatura como una gran escena en la
que la lectura y la escritura coinciden. Tomando pres-
tada la imagen esbozada por E. M. Forster en *Aspects
of the Novel*, al escritor le gusta imaginar la tradición
literaria como una enorme sala del Museo Británico
dentro de la cual todos los escritores, pasados y presentes, yacen sentados simultáneamente, escribiendo.
La imagen, potente y utópica, se deshace de la falsa
linealidad de la historia de la literatura y opta en cambio por imaginar la tradición literaria como algo que
se reformula en un presente continuo. A Piglia podríamos perfectamente imaginarlo dentro de esta enorme
sala de lectura. Sería el escritor inquieto y travieso que
se niega a sentarse, que camina por las mesas de esa
sala infinita y se limita a leer, citar e interpretar la tradición literaria que allí se escribe. El escritor que escribe
leyendo. Podríamos imaginarlo fácilmente saltando de
la mesa de lectura de Borges a la de Arlt, de la de Henry James a la de Macedonio Fernández, de la de mesa
de Sarmiento a la de Italo Calvino. De vez en cuando
sacaría un libro de algún estante y se sentaría a leer
en alguna esquina, hasta que una nueva inquietud lo
forzara a visitar la mesa sobre la cual trabajan Joyce o
Kafka. La gran intuición de Piglia quedaría sintetizada
así en la imagen de su peregrinaje: escribir es, a fin de
cuentas, reinterpretar la historia de la literatura. Con

la maestría de un Glenn Gould, Piglia reinterpreta y reescribe la historia de la literatura como si de una partitura musical se tratase.

***

En su caso, la idea de que toda escritura es, a fin de cuentas, reinterpretación y relectura, ha terminado por producir una de las obras más originales y singulares dentro del ambiente literario hispanoamericano, una obra que no vacila al momento de mezclar géneros y técnicas. Desde su fantástico debut en 1967 con el libro de cuentos *La invasión*, pasando por su ya mítica primera novela *Respiración artificial* (1980), hasta llegar a los más recientes *Blanco nocturno* (2010) o *El último lector* (2005), la obra de Piglia se lanza a reformular lo que pensamos por literatura. En la tradición de lo que algunos han llamado *ficción especulativa*, su obra se deja guiar por una intuición fundamental: aquella que dicta que también hay una pasión detrás de las ideas, una pulsión emotiva detrás del lente crítico. Y es precisamente esta pasión la que queda retratada en *La forma inicial*, este nuevo libro en el que Piglia, en conversación con amigos, estudiantes y colegas, nos regala una suerte de compendio desde el cual comprender tanto su modo de lectura como sus modos de escritura. "Se trata de leer como lee un escritor," aclara el argentino varias veces a través del texto y la verdad es que se trata precisamente de eso. *La forma inicial* recoge muchas de las grandes ideas y obsesiones que atraviesan su obra. Independientemente de si está hablando sobre los mitos de origen de los escritores o sobre lo que significa escribir un final, sobre el secreto y su rol en la *nouvelle*, o sobre el psicoanálisis como relato de masas; independientemente de si el autor en cuestión es Juan Carlos Onetti o Henry James, Borges o Kafka, lo que este nuevo libro retrata a la perfección es la pasión de un hombre que ha dedicado su vida a trazar la huella inaugural de lo literario.

***

Toda escena de lectura, suele subrayar Piglia, es una escena íntima, un acto solitario y privado. Invitándonos a entrar en la biblioteca de uno de nuestros más grandes escritores, *La forma inicial* invierte esta propuesta, arrimándonos al sillón de lectura desde el cual, por las pasadas cinco décadas, Piglia ha determinado la forma en la que imaginamos y escribimos lo literario. Una vez allí, instalados junto al maestro, podemos darnos el raro lujo de escucharlo hablar, de verlo leer. Se trata, como todas las escenas de lectura, de una cita utópica, íntima e inolvidable, que nos lleva de regreso a ese remoto lunes de otoño en el que otro maestro, esa vez llamado Borges, le pedía a un joven de veinticuatro años que tocara su rostro en busca de la cicatriz de nacimiento de lo literario. Como entonces, lo que está en juego en estas páginas es nada más y nada menos que una singular propuesta sobre lo que significa dedicarle la vida a la literatura.

1. MODOS DE NARRAR

Estoy muy honrado y muy feliz de estar aquí con ustedes. Agradezco a la Universidad de Talca la idea de
crear este premio que lleva el nombre de José Donoso,
un escritor al que todos admiramos y queremos.

Quisiera hoy no ya dictar una clase magistral como
se ha anunciado, sino más bien tener con ustedes una
conversación. Javier Pinedo me decía que sería bueno reflexionar sobre el papel de las Humanidades en
el mundo actual, el papel de las Humanidades en la
universidad. Y pensé que para reflexionar sobre ese
problema complejísimo quizá podíamos partir de una
experiencia muy próxima, que está en el centro de la
preocupación de los estudios humanísticos, como son
los usos del lenguaje.

El problema de los usos del lenguaje forma parte
de la gran tradición de la reflexión sobre el sentido,
y cualquier cuestión ligada con los problemas de la
significación tiene siempre como base, como punto
de partida, el tipo de práctica cotidiana que todos
realizamos con el lenguaje y la capacidad fantástica
que tenemos de descifrar el sentido de lo que estamos
percibiendo en las conversaciones, en los diálogos,
que son muy a menudo el centro mismo a partir del
cual se desarrolla la literatura. En lo que circula en
las conversaciones cotidianas a menudo se encuentran
rasgos, rastros de lo que podemos considerar después
la alta literatura, la alta poesía. Y si hablamos de poesía
y estamos en Chile, no podemos menos que recordar
la gran tradición de la poesía chilena. Yo digo siempre —un poco en broma— que los chilenos son los

irlandeses de América Latina, porque los irlandeses, en un país relativamente al margen de las tradiciones centrales, tienen una literatura riquísima. Podríamos ver a Chile en esa misma dinámica: un país que está, al menos geográficamente, al sesgo, en el borde, y que ha producido una poesía de altísima calidad. La obra de Gabriela Mistral, de Vicente Huidobro, de Pablo Neruda, de Nicanor Parra, de Gonzalo Rojas ha servido siempre de referencia para cualquier escritor que escriba en esta lengua. Pero esos poetas a su vez han escuchado muy bien lo que se decía en las plazas, en las calles, en las conversaciones cotidianas, y a partir de ahí la poesía chilena ha sabido encontrar su espacio y su pasión, esa manera tan propia de inventar la lengua a partir de la experiencia misma. Entonces, pensando en esta cuestión de las Humanidades, de la cultura y del germen de la práctica cultural en términos de lenguaje, me pareció que podíamos partir de una experiencia común a todos: la experiencia de la narración, uno de los tantos usos posibles del lenguaje.

En un sentido todos somos narradores, todos somos expertos en la narración, todos intercambiamos historias. Todos sabemos narrar, con mayor o menor pertinencia y calidad. Un día en la vida de cualquiera de nosotros es un día hecho también de las historias que contamos y nos cuentan. Los relatos que contamos y nos cuentan a lo largo de un día podrían muy bien ser uno de los registros vitales de nuestra experiencia.

Seguramente yo volveré a Buenos Aires y mis amigos me dirán: "Bueno, contame" (como decimos en el Río de la Plata). Ese pedido es una de las grandes exigencias sociales. Estamos siempre convocados a narrar, estamos siempre recibiendo la solicitud de contar qué hemos hecho en el momento en el que estábamos ausentes y, por lo tanto, todos en ese sentido ejercemos la narración, todos sabemos lo que es un buen relato. ¿Y qué sería un buen relato? Una historia que le interesa no sólo a quien la cuenta, sino también a quien la recibe.

Un buen ejemplo es el relato de los sueños. El que cuenta un sueño afronta los problemas que tienen los narradores que creen que las historias que les interesan a ellos les van a interesar a todos, porque claro, cuando uno cuenta un sueño, cuando uno dice "soñé con la casa de mi infancia", eso tiene para el narrador una significación extraordinaria, porque uno recuerda muy bien lo que era esa casa de la infancia; pero hay que saber transmitir ese sentimiento. Entonces, un buen narrador no es solamente el que tiene la experiencia —el sentimiento de la experiencia–, sino también aquel que es capaz de transmitir al otro esa emoción.

Y cuando me cuentan un sueño —lo digo también un poco en broma— trato de ver si estoy yo en el sueño, si aparezco yo ahí, porque eso haría al sueño un poco más interesante, o más peligroso quizá, pero en todo caso yo estaría implicado en esa historia. La narración depende de esa implicación. Está siempre ligada al que recibe el relato. Se acelera o se distiende según el interés que produce, y ésa es una clave de la tradición oral de la narración.

Contar historias es una de las prácticas más estables de la vida social. Siempre se han contado historias y se seguirán contando, y si pensamos en el futuro, estoy seguro de que la narración persistirá porque es el gran modo de intercambiar experiencias. Y aquí tendríamos que distinguir entre experiencia e información. La narración es lo contrario de la simple información. Está siempre amenazada por el exceso de información, porque la narración nos ayuda a incorporar la historia en nuestra propia vida y a vivirla como algo personal. Por eso les decía: si en un sueño estoy implicado, si eso tiene que ver conmigo aunque sea imaginariamente, voy a tener una relación diferente con la narración.

Muchas veces he pensado que si contáramos con uno de esos procedimientos de literatura fantástica que Borges utilizaba con tanta habilidad y que resuelven rápido el paso a lo fantástico (desciendo las escaleras de un sótano y encuentro el aleph; alguien me ofrece la memoria de Shakespeare y para recibirla sólo tengo que decir que la acepto); si por uno de esos mecanismos simples pudiéramos tener a nuestra disposición todos los relatos que circulan en una ciudad en un día; si yo tuviera la posibilidad de conocer todos los relatos que circulan en Buenos Aires o en Talca en un día, sabría mucho más sobre la realidad de ese lugar que todos los informes científicos y periodísticos y todas las estadísticas y todos los discursos de los economistas o de los sociólogos. Tendría, en la multitud de historias que circulan en un día en un lugar, sin duda, una percepción muy nítida de la vida cotidiana de ese lugar, de la vida íntima de ese lugar, y eso no sería solamente una cuestión de contenidos de esas historias, no se trataría solamente de lo que se está contando, sino de la forma con la que se lo está contando, el modo específico y preciso de usar la tradición del relato.

Labov, el lingüista norteamericano, hizo una investigación en Harlem con la intención de ver las peculiaridades del lenguaje en los guetos, del uso del lenguaje en sectores populares y —como suelen hacer los sociolingüistas— pensó grabar a un grupo de jóvenes para ver de qué manera funcionaba el lenguaje en ese barrio. Entonces, para no obligar a la gente a hablar de una manera espontánea —porque eso sería una paradoja, ¿no es verdad?— les pidió que le contaran un día en que su vida había estado en peligro. Y la cantidad de historias que empezaron a surgir alrededor de esa experiencia en un lugar marginal y violento, hizo que ese proyecto que ahora es su libro *The Language in the Inner City*, se convirtiera en un gran libros de relatos, porque el modo en cada uno contaba el día en que su vida había estado en peligro era muy notable. Lo que Labov percibió fue sobre todo la forma en que estaban organizadas esas historias y comprobó que muchos de esos relatos no diferían —en su manejo del suspenso, de la intriga, en su manera de presentar los hechos— de lo que se podía encontrar en la gran tradición narrativa (narraciones a la Chéjov, a la Faulklner, a la Isak Dinesen, escritores a los que por supuesto ellos no habían leído). Como si hubiera modos de narrar que son comunes y están presentes a la vez en la alta literatura y en la tradición popular. Labov ha estudiado este asunto, pero también Albert Lord en *The Singer of Tales*, quien analiza el modo en que los relatos escritos se basan en una antigua herencia oral (muy bien descripta por Lord).

Entonces, cuando decimos que pensamos en los modos de narrar y no sólo en el contenido de la narración, queremos decir —desde luego— que quien cuenta le da forma a lo que narra. La narración alude y desplaza, nunca dice de manera directa cuál es el sentido, y ahí se define su forma.

Por ejemplo, yo recuerdo que en la Argentina, en la época de la dictadura militar, cuando toda la difusión de informaciones estaba clausurada, empezó a circular un relato muy elíptico, muy estructurado. Alguien contaba que alguien le había contado de alguien que en una estación de ferrocarril del suburbio, al amanecer, había visto pasar un tren de carga, lento, interminable, lleno de ataúdes. Un tren con féretros que iba hacia el sur, en la noche. Y esa historia, esa imagen fantástica de alguien que en el medio de la noche ve pasar un tren cargado de ataúdes, empezó a circular por la ciudad. La historia aludía, desde luego, a la dictadura que hacía desaparecer los cadáveres y a que, por lo tanto, no había féretros y no había cadáveres a los cuales se pudiera sepultar. Y, también, si uno imagina que la narrativa muchas veces anticipa el futuro, podríamos pensar que esos ataúdes eran los ataúdes de los soldados, de los jóvenes soldados argentinos que iban a morir en el sur, en Malvinas, dos años después. Porque uno podría preguntarse por qué ese tren iba al sur, ¿no?

El relato depende del que en la madrugada ve pasar el tren. No podemos comprobar si es verdad, si efectivamente alguien vio un tren o si ese relato se construye, se va inventando, como un relato que sirve para descifrar la realidad. En todo caso, es el modo que tiene la narración de responder a la realidad, porque está abierto, no juzga, no cierra la significación. Muestra y no dice. Vemos la imagen de ese tren en la noche. Y la primera y más eficaz decisión narrativa es que *se sabe* que esos féretros están vacíos, nadie lo explica, se parte de ahí. Y el segundo elemento importante de la historia, como decía, es que hay alguien que la ha visto. Una presencia que nos puede servir para pensar cómo se cuenta la historia. Siempre hay un testigo. Porque en ese relato no sólo está el tren sino está el que ve pasar el tren, y eso también está en la literatura, en los relatos policiales, lo más difícil no es cometer un crimen sino borrar las huellas; pero también en la historia política y trágica de nuestros países. Las narraciones muchas veces captan esos lugares donde un testigo recuerda un momento de una historia que en otras dimensiones ha sido borrada. Y si volvemos a la historia del tren, a ese momento tan particular y preciso de una historia ligada a la Argentina, y pensamos en el individuo que en una estación ve pasar ese tren, vemos ahí condensada esta tensión entre la historia visible y las historias que circulan, las historias que tienen en cierto sentido una significación múltiple para todos.

La narración es uno de modos más estables de uso del lenguaje. Algunos, como André Jolles, como Georges Dumézil, incluso piensan que la narración está en el origen del lenguaje. Narrar sería la condición de posibilidad de ese acontecimiento —un poco enigmático, un poco milagroso— en el que surge el lenguaje; podríamos de hecho imaginar que el lenguaje se constituye como tal a partir de la narración. Se usan las palabras para nombrar algo que no está ahí, para reconstruir una realidad ausente, para encadenar los acontecimientos, establecer un orden, reconstruir ciertas relaciones de causalidad. En ese sentido, podemos pensar a la narración como una historia de larguísima duración. "El relato es inmensamente antiguo, se remonta a los tiempos neolíticos, quizá aún a los paleolíticos. El hombre de Neanderthal oyó relatos, si podemos juzgarlo por la forma del cráneo". decía E. M. Forster en *Aspects of the Novel*. Siempre se han contado historias. Pero, ¿cómo empezó la historia de la narración? Podemos inferir un comienzo. Imaginar cuál fue el primer relato. Podríamos escribir un relato sobre cómo fue ese primer relato. La forma inicial, es decir, la prehistoria de los grandes modos de narrar.

Podemos imaginar que el primer narrador se alejó de la cueva, quizá buscando algo, persiguiendo una presa, cruzó un río y luego un monte y desembocó en un valle y vio algo ahí, extraordinario para él, y volvió para contar esa historia. Podemos imaginar, en todo caso, que el primer narrador fue un viajero y que el viaje es una de las estructuras centrales de la narración: alguien sale del mundo cotidiano, va a otro lado y cuenta lo que ha visto, la diferencia. Y ese modo de narrar, el relato como viaje, una estructura de larguísima duración, ha llegado hasta hoy. No hay viaje sin narración, en un sentido podríamos decir que se viaja para narrar. Por eso los viajeros actuales van siempre con máquinas fotográficas y tratan de capturar los rastros de lo que van a contar a sus amigos cuando vuelvan.

Pero podríamos pensar que hay otro origen del acto de narrar. Porque sabemos que no hay nunca un origen único, hay siempre por lo menos dos comienzos, dos modos de empezar. Entonces podríamos imaginar que el otro primer narrador ha sido el adivino de la tribu, el que narra una historia posible a partir de rastros y vestigios oscuros. Hay unas huellas, unos indicios que no se terminan de comprender, es necesario descifrarlos y descifrarlos es construir un relato. Entonces podríamos decir que el primer narrador fue tal vez alguien que leía signos, que leía el vuelo de los pájaros, las huellas en la arena, el dibujo en la caparazón de las tortugas, en las vísceras de los animales y que a partir de esos rastros reconstruía una realidad ausente, un sentido olvidado o futuro. Tal vez el primer modo de narrar fue la reconstrucción de una historia cifrada. A esa reconstrucción de una historia a partir de ciertas huellas que están ahí, en el presente, a ese paso a otra temporalidad, podríamos llamarlo el relato como investigación.

Si pensamos en esa historia larga de la narración, de las formas de la narración, de los modos de narrar, podríamos imaginar que ha habido entonces dos modos básicos de narrar que han persistido desde el origen, dos grandes formas, que están más allá de los géneros, y cuyas huellas y ruinas podemos ver hoy en la narraciones que circulan y que nos circundan. El viaje y la investigación como modos de narrar básicos, como formas estables, anteriores a los géneros y a la distribución múltiple de los relatos en tipos y en especies. Estamos frente al *ur*-relato, a la forma que da lugar a la evolución y a la transformación.

Etimológicamente, narrador quiere decir "el que sabe", "el que conoce", y podríamos ver esa identidad en dos sentidos, el que conoce otro lugar porque ha estado ahí, y el que adivina, inventa narrar lo que no está o lo que se comprende (o mejor: a partir de lo que no se comprende, descifra lo que está por venir).

Y, a la vez, esos dos grandes modos de narrar tienen sus héroes, sus protagonistas, sus figuras legendarias. Como si la repetición de esos relatos hubiera terminado por cristalizarse en una figura que sostiene la forma. Podríamos ver a la historia de la narración como una historia de la subjetividad, como la historia de la construcción de un sujeto que se piensa a sí mismo a partir de un relato, porque de eso se trata, creo. La historia de la narración es también la historia de cómo se ha construido cierta idea de identidad.

Podríamos entonces pensar que esos dos grandes modos de narrar han construido sus propios héroes. Está la gran tradición del viajero, del errante, del que abandona su patria; el astuto Ulises, el *polytropos*, el hombre de muchos viajes, el que está lejos, el que añora el retorno; el sujeto que está siempre en situación precaria, el nómade, el forastero, el que está fuera de su hogar y que vive con la nostalgia de algo que ha perdido. Podríamos entonces imaginar a Ulises como una suerte de héroe de lo que sería esta historia de la subjetividad, imaginarlo como una metáfora de la construcción de la subjetividad. A partir de su propio aislamiento, se constituye como un sujeto. Fue Adorno el que ha llamado la atención sobre la debilidad de Ulises en *Dialéctica del Iluminismo* y por lo tanto sobre su astucia como defensa ante lo desconocido.

Y, desde luego, el otro héroe de la subjetividad, la otra gran figura, es Edipo, el descifrador de enigmas, el que investiga un crimen y al final termina por comprender que el criminal es él mismo. Es Edipo el que protagoniza esa estructura de la narración como investigación, y por lo tanto como un relato perdido que es preciso reconstruir. Y ese relato ausente es la historia de su vida. Freud ha construido una serie extraordinaria de relatos de la subjetividad a partir de esa historia.

Podríamos pensar entonces a Ulises y a Edipo como protagonistas de esos relatos básicos, como grandes modelos del relato y de la construcción de la subjetividad.

Y para terminar podríamos también decir, recordando a Leo Strauss, que hay dos grandes tradiciones culturales que se identifican con dos ciudades, Atenas y Jerusalén: la tradición filosófica del concepto, la argumentación conceptual de la tradición griega, la invención de la filosofía, y la tradición narrativa de la Biblia: la experiencia narrativa de la revelación. Cristo con las parábolas, las fábulas y los relatos dan a conocer la verdad de una manera distinta al modo en que la verdad se da a conocer a través del concepto.

La narración como un modo de dar a entender, mostrar y no cerrar la significación. Y podríamos entonces, siguiendo a Leo Strauss, decir que hay una tradición conceptual que ha pensado el conocimiento en términos de conceptos y de categorías, y que hay otra tradición que se funda en los relatos: la tradición de argumentar con una narración, enseñar con una narración un sentido que no está cerrado nunca. Por eso, cuando se cuenta una historia otro inmediatamente replica con otra historia. Es algo muy habitual en nuestra experiencia cotidiana: uno cuenta la historia de algo que sucedió y otro dice "yo recuerdo que a mí me pasó algo parecido"; una especie de cadena de relatos va construyendo la significación por afuera del sentido meramente conceptual, de la discusión o de las intervenciones y los debates. Es difícil no estar de acuerdo con un relato, la cuestión no es de ese orden sino más bien del orden de la experiencia, y por eso se le replica con otra experiencia. El saber circula ahí de otro modo, no se niega el sentido de lo que dice porque es incorrecto, no se enfrenta una significación equivocada con una significación cierta.

Y, para terminar, en esa misma línea yo diría que siempre tenemos que preguntarnos qué quiere decir entender una historia, porque la comprensión de una historia, ya sea una novela o un relato que nos cuentan, está siempre abierta. Las grandes tradiciones narrativas, como los relatos bíblicos o *Las mil y una noches*, las grandes tradiciones narrativas a veces ligadas a tradiciones religiosas, a veces ligadas a tradiciones laicas, están fundadas en la noción del relato como un modo de transmitir una verdad que siempre es enigmática, que siempre tiene la forma de epifanía, de la iluminación. Un relato es algo que nos da a entender, no nos da por hecho el sentido, nos permite imaginarlo.

Ésas eran las reflexiones, o las intrigas, que me pareció que un escritor podía proponer a una asamblea universitaria. Para un novelista, la narración es un río que se remonta al origen. Y en el curso del relato hay recodos y desvíos, zonas calmas y tumultuosas, y distintos modos de entrar en el fluir de las historias. Y eso es lo que he tratado de hacer esta tarde con ustedes. Iniciar una navegación preliminar por el archipiélago de la narración.

Muchas gracias.

2. SOBRE LA INTERPRETACIÓN

1.

¿Qué quiere decir interpretar un relato? Muchos han llamado la atención sobre el modo en que Kafka leía en voz alta *La metamorfosis*: la risa le interrumpía la lectura. Por su parte, en la grabación de algunos fragmentos del *Finnegans Wake*, la voz de Joyce salta de una consonante a otra, con un tono jocoso, medio circense, como si nos advirtiera de que se trata de un relato cómico.

2.

En su novela *Cicatrices*, Saer interpreta —digamos— el relato "Examen de la obra de Hebert Quain" de Borges. En el cuento se describe el proyecto de una novela "regresiva, ramificada" donde se narran simultáneamente todas las alternativas posibles de una historia. Si bien, según creo recordar, la crítica no ha reparado en esta relación, es evidente que Saer se propuso escribir esa ficción potencial. Los capítulos de *Cicatrices* repiten el nombre de la novela de Quain (*April, March*) y narran cuatro desarrollos posibles —y simultáneos— de un mismo argumento, con sus variantes y mutaciones.

3.

En *62 Modelo para armar*, Cortázar utiliza un capítulo de Rayuela como indicio o germen de una ficción posible. La novela se despliega a partir de la noción de *figura*, una construcción espacial que determina la vida de de los personajes. Retoma así, y lleva al límite, el procedimiento formal de algunos de sus mejores cuentos ("La noche boca arriba", "Axolotl", "La flor amarilla", "Todos los fuegos el fuego", "El otro cielo") donde ya intentaba ir más allá de las estructuras lineales de la narración y establecía conexiones espaciales entre distintos episodios y épocas de un relato múltiple.

4.

Se puede analizar este procedimiento con una breve definición de la interpretación musical: "Una partitura es simplemente un indicio de música potencial" (R.Vaughan Williams, *Some Thoughts on Beethoven's Choral Symphony with Writings on Other Musical Subjets*). Un relato siempre puede ser interpretado, es decir, vuelto a narrar. La realización de esa forma potencial está ligada también a la memoria de otras tradiciones interpretativas. Antes de grabar el movimiento lento del *Concierto en sol menor* de Bach, el pianista Glenn Gould le anticipó a su productor Andrew Kazin: "Voy a tocar con toda suerte de voces interiores y de síncopas, muy en la línea de Wanda Landowska, con un aire al estilo del Modern Jazz Quartet" (cfr. Kevin Bazzana, *Vida y arte de Glenn Gould*).

En una conferencia sobre Hawthorne, en 1949, Borges imaginó en el final del escritor un relato futuro, el núcleo de una historia posible. "Su muerte fue tranquila y fue misteriosa, pues ocurrió en el sueño. Nada nos veda imaginar que murió soñando y hasta podemos inventar la historia que soñaba —la última de una serie infinita— y de qué manera la coronó o la borró la muerte. Algún día, acaso, la escribiré y trataré de rescatar con un cuento aceptable esta deficiente y harta digresiva lección..."

El cuento anunciado, como sabemos, es "El sur"(1953). Al contarlo utilizó sus viejos temas —el bibliotecario Dahlman antes de morir sueña que muere en un duelo a cuchillo—, pero también los usó el aire de otras interpretaciones. El tema es una variación del cuento de Ambroce Bierce "An Occurrence at Owl Creek Bridge", donde el protagonista en el momento de ser ejecutado sueña o alucina que logra liberarse y huye aunque en realidad ya está muriendo en la horca. Lo mismo pasa en "The Snows of Kilimanjaro" de Hemingway, donde el escritor en el momento de morir de una gangrena en un safari en África cree ver el avión que llega a rescatarlo. Borges —a diferencia de esos admirables modelos— deja el final en suspenso, diluye la revelación de la muerte, y su cuento puede interpretarse no sólo como un sueño, sino también como un relato realista en el que efectivamente Dahlman se recupera, sale del hospital, viaja al sur en tren, baja en un pueblo y entra en un almacén de campo donde es desafiado y elije la muerte en un duelo a cuchillo. Las dos interpretaciones están presentes en el mismo cuento y Borges insinúa esas dos alternativas en el argumento inicial: "la coronó o la borró la muerte" dice en la conferencia, y en el cuento mantiene la doble interpretación. ("Mañana me despertaré en la estancia, pensaba y era como si a un tiempo fuera dos hombres: el que avanzaba por la geografía otoñal y el otro encarcelado en un sanatorio".) Borges narra dos anécdotas que se combinan; hace posible así dos interpretaciones; modula un tema principal con variantes y motivos que se repiten en las dos tramas y cumplen en cada caso una función distinta, a la manera —hablando metafóricamente— de las *Variaciones Goldberg*.

En "La noche boca arriba" Cortázar se propone narrar el mismo tema: un motociclista accidentado en la ciudad sueña en la pesadilla de la fiebre que va a ser sacrificado en una ceremonia ritual en el México prehispánico, pero el final insinúa que es el remoto moteca quien, al morir, sueña una incomprensible situación en la que muere conduciendo un rugiente caballo metálico. En otro nivel Cortázar postula que los dos hombres que mueren, distanciados en el tiempo y en el espacio, son en realidad uno solo (si bien esa posibilidad está apenas insinuada, entre otros detalles, por la condensación de palabras que da nombre a la tribu inventada del moteca).

5.
Recuerdo que hace años en un curso sobre las novelas cortas de Onetti, en Puan, es decir en la carrera de letras de la UBA, los estudiantes explicaban con entusiasmo las oscuras y siempre intrigantes nouvelles de Onetti. En *Para una tumba sin nombre*, una mujer con un chivo está en la estación Constitución, ¿se trataría del devenir animal? *La cara de la desgracia* —con la historia de la muchacha muda que es asesinada—, ¿no

era una sinécdoque del callar ante la ley? Las hipótesis circulaban, siempre brillantes y sorprendentes, pero en lugar de interpretar el relato los estudiantes sólo lo teorizaban. Un día corté el circuito y les pedí que me resumieran la anécdota de *Tan triste como ella*. Estupefacción, escándalo. Sí, tenían que leer muy cuidadosamente la historia y hacer un resumen del argumento. ¿Era esa lectura una interpretación? Lo fue. Cada uno de los estudiantes debía tomar decisiones en el entrevero de la historia y estaba obligado a definir uno de los sentidos implícitos y aludir a los otros posibles. A partir de ahí, la discusión podía enriquecerse porque todos eran expertos en el relato, ya que lo habían leído como si tuvieran que reescribirlo. Imaginé que algún estudiante me iba a copiar el relato tal cual —o con imperceptibles variantes— y me lo iba a entregar como su resumen de lectura, pero eso no sucedió.

6.

Podríamos plantear el problema de la interpretación de otra manera: ¿qué quiere decir, después de todo, *entender* un relato? O en todo caso, ¿qué clase de comprensión está en juego en un relato? Podemos recordar el ejemplo que daba el novelista inglés E.M. Forster en su libro *Aspects of the Novel*: "El rey murió y luego murió la reina" es un hecho. "El rey murió y luego murió la reina, de tristeza" es un relato. Se preserva la sucesión en el tiempo, pero el sentimiento de causalidad la articula y le da un sentido —la motivación, ¿por qué suceden las cosas?— es la base de la *interpretación narrativa*. En verdad, la cuestión es siempre

cómo *seguir* un relato y, dado el caracter provisorio de
toda narración, muchas veces a un relato se le responde con otro relato —que no lo anula pero lo contradi-
ce o lo complementa— y esa red de narraciones que se
contraponen es una de las líneas centrales de la historia de la cultura. Recordemos, en fin, como señalaba
Carlo Ginzburg (en *Ojazos de madera*) que la palabra
latina *interpretatio* significa traducción. La narración
razona con ejemplos —argumenta con argumentos—, y
siempre se la puede traducir, es decir, volver a narrar,
en otro tono, con otro lenguaje.

7.

Joyce postula su novela *Ulises* como una versión
de la *Odisea*; la *metempsicosis* —palabra que Molly no
entiende al comienzo del día— sugiere que el alma del
héroe griego ha reencarnado en Bloom, el judío errante que vaga por Dublin. La historia del viajero, del
forastero, del astuto Odiseo, el *polytropos*, el hombre de
muchos viajes, que está lejos, siempre en situación precaria, reaparece, y es vuelta a narrar e interpretada, en
distintas épocas, por Dante, Virgilio, Kafka, Canetti,
y cada versión interpreta —y traduce— de otro modo
el argumento.

8.

Lo mismo se puede decir de *Don Quijote*. Lionel Tri-
lling (en *La imaginación liberal*) ha señalado que "toda
la prosa de ficción es una variación sobre el tema del
Quijote". Pero quizá no es la prosa de ficción la que

encuentra su fundamento en esa novela sino más bien la *interpretación personal de la ficción*. Sabemos que el héroe de la primera novela es un lector de novelas, un apasionado de las ficciones heroicas que sale a la realidad y trata de vivir lo que ha leído. Muchas veces encontramos esa figura del lector apasionado y crédulo en la historia del género: Madame Bovary de Flaubert, desde luego, pero también Julian Sorel en Stendhal o Raskolnikov en Dostoievsky, y lo mismo sucede con Silvio Astier en *El juguete rabioso* de Arlt ("Me inició en los deleites y afanes de la literatura bandoleresca...", así empieza la novela y Astier no hace otra cosa que vivir —o intentar vivir— lo que ha leído).

9.
En *El beso de la mujer araña* de Puig los dos protagonistas, recluidos en una celda, discuten las interpretaciones de distintas ficciones como una forma de pasar el tiempo pero también de conocerse y seducirse. Molina, el joven gay, cuenta películas y al contarlas se identifica con la atmósfera sentimental del cine de Hollywood; por su parte, Arregui, el guerrillero marxista, sólo ve en esos films la alienación burguesa y la manipulación ideológica. En un sentido, el libro es una discusión sobre la ficción y su poder, sobre los modos de interpretar la narración y la fantasía. Lo extrarodinario —y otra muestra de la capacidad narrativa de Puig— es que los dos terminan por "actuar" en la película del otro: Arregui se transforma en un héroe romántico, enamorado y sensible, mientras que

Molina muere heroicamente en una cita política, asesinado —y eso no se decide— por la policía, o por los guerrilleros del grupo de Arregui.

10.

La novela ha contado muchas veces la historia del héroe como intérprete o descifrador de signos; quizá Marcel, el narrador de *En busca del tiempo perdido*, ha sido el máximo protagonista de esa odisea de la interpretación (y el obsesivo protagonista de las novelas de Thomas Bernhard, una de sus realizaciones más extremas). A menudo el relato ha hecho de la comprensión desviada el centro de la trama. Ya no se trataba de las interpretaciones equívocas del oráculo sagrado que, en la tragedia, llevaba a los héroes a la decisión inevitable y a la muerte. El protagonista de la novela busca, en cambio, el sentido en el deambular por la ciudad, en ciertos gestos triviales, en algunas palabras equívocas, en textos mal leídos (o leídos demasiado fervientemente). La interpretación equivocada está más presente en nuestra cultura —y en nuestra vida personal— de lo que nos resignamos a aceptar. Por eso tal vez la novela ha sido el género que mejor ha mostrado el desconcierto de la significación —y la busca del sentido— en un mundo del que han desertado los dioses.

3. MEDIOS Y FINALES

Conversación con Paul Firbas, Pedro Meira Monte-
ro y Fermín Rodríguez

En una casa en Princeton, Nueva Jersey: Ricardo Piglia llega atrasado, después de dar vueltas en auto buscando la dirección. Llega de noche con los notarios que tramitan su testamento, que será firmado por él y por nosotros, los testigos. Después de una breve ceremonia burocrática, despedimos a los notarios y subimos al segundo piso donde nos espera Fermín Rodríguez en la pantalla de la computadora, conectado desde California. Empezamos la conversación.

1. Testamento

Paul Firbas: Quizá convenga empezar por lo que pasó hoy acá, en casa, con la presencia de los notarios y la firma de tu testamento para tramitar tu jubilación de la Universidad de Princeton. Es decir, en nuestro inicio está la noción de testamento, de final. Al mismo tiempo, quiero invitarte a hacer una reflexión sobre tu experiencia universitaria en los Estados Unidos, ahora que faltan ya pocas semanas para que la cierres y vuelvas a Buenos Aires.

Ricardo Piglia: Los finales condensan siempre los sentidos. Es como si uno se viera obligado a reflexionar sobre lo que ha pasado hasta ese momento. Por un lado, está la sensación de que estoy terminando una etapa aquí en Princeton, donde estoy dando un seminario sobre poéticas de la novela. Es como si un discurso que empezó hace muchísimo tiempo encontrara también su punto final. Una cuestión que la literatura nos enseña inmediatamente es que el final decide el sentido. Por eso la cuestión del final es siempre tan compleja. Se podría decir que el final decide el sentido y también la forma. Toda la discusión sobre la forma me parece que va por el lado de si se puede conseguir un final que logre alguna ilusión de cierre o unidad. El testamento pareciera que es un texto adelantado respecto a esa situación. Yo por un lado recuerdo los estudios que han hecho los historiadores franceses sobre los testamentos. El texto de Phillipe Ariès sobre *La historia de la muerte en Occidente* [1975] es una lectura de los testamentos. Ariès construye una historia de la concepción cultural de lo que supone morir, sobre todo a partir de la escena del testamento y a quién se le están legando bienes y cómo van cambiando a lo largo del tiempo ciertos protocolos. Creo que en la cultura latinoamericana el testamento no existe o existe de una manera muy lateral. Yo no tengo memoria de testamentos a mi alrededor.

PF: ¿Será porque hay menos posibilidad del individuo de decidir? El Estado hoy tiene muy claro lo que uno puede hacer con sus bienes.

RP: Yo creo. A mí siempre me fascinó la historia de los testamentos de Alberdi. Sabemos que Alberdi vivió en el exilio por casi cuarenta años. Y luego vuelve a Buenos Aires, se equivoca y pasa una serie de desgracias políticas, porque ha perdido esa distancia que tenía como intelectual respecto a la realidad. Regresa a Francia y se psicotiza, se puede decir. Y la prueba de esto es que empieza a hacer testamentos y a regalar cosas a amigos que ya han muerto, pero no tiene nada para dar: le da un tintero a uno, cosas así, y un testamento anula al anterior. Pero, respecto a lo que queremos conversar, el testamento sería la escritura del fin.

PF: O cómo se negocia el fin, porque parece que hay una forma ya dada.

RP: Claro, qué queda de uno y a quién le queda lo de uno.

Pedro Meira Monteiro: Hay un tono severo en lo que dices, como si casi no hubiera melancolía. Al mismo tiempo, discutimos la idea de que hay un punto final. Recuerdo que hace unos días hablábamos sobre "El narrador" de Walter Benjamin y el *finis*, esa finitud misma que es uno. Es un texto absolutamente melancólico, porque es algo que tiene que ver con enfrentar la idea de que la revelación es el fin, en los dos sentidos, de la literatura y del autor. ¿Podrías hablar un poco de esto?

RP: Yo tengo una sensación —¿cómo llamarla?— eufórica o negadora de la muerte. Mi noción es que en la vida no hay finales. Es decir, que uno no es consciente de la escena del final. Y cuando hay finales, son siempre trágicos; y si no, hay un fluir de acontecimientos que uno después retrospectivamente recuerda como si hubieran sido un final. Pero uno no vive el final. Salvo la muerte de alguien o el fin de una relación en la que uno de los dos queda con la sensación de que hubiera querido seguir. Me parece que el sistema de los finales es un sistema estructurado. Nosotros sabemos que hay unos horarios que nos llevan a cortar las cosas no en el momento en el que implícitamente la situación lo dicta. Por ejemplo, esta conversación: quizá podríamos continuar tres días si nos dejáramos llevar por la lógica de la propia conversación. Pero sabemos que en algún momento hay una cosa externa que nos dice que hay que cortar. El otro ejemplo son las clases. Hay un modo de ordenar los sistemas estructurados de finales. Es decir, que los finales serían externos al hecho. Vendrían impuestos desde afuera y el sujeto no tendría por qué vivirlos como un final personal, o de algo que ha terminado. Por ejemplo, que uno está dando la clase y los estudiantes se levantan y se van. Ese sería un final que no le está dedicado al sujeto. Mientras que hay una lógica social que, me parece, organiza los finales. Por eso en el arte se experimenta con los finales: los finales de las novelas, de las películas, de las series.

PMM: Pero, entonces, las clases serían una especie de simulación de todo lo que viene antes del final, ¿no es cierto? Te lo pregunto porque vivimos en un mundo, y quizás muy especialmente en un país, donde las finalidades son absolutamente fundamentales. Estábamos ahora mismo en esa escena increíble de firmar tu testamento. Pero al mismo tiempo vivimos con la idea de los *goals*, de los objetivos, de que uno llega a la universidad y se está formando y educando con la finalidad fundamental de saber y llegar a lo que uno quiere, lo que es antipoético y antiliterario en el sentido más profundo. Pero lo que estás sugiriendo es que de alguna manera la clase es un ejercicio para mantenerse artificialmente antes de eso, antes de que lleguemos al objetivo.

RP: De acuerdo. Y podríamos buscar otros ejemplos.

PF: Yo entendí que el arte era una forma de intervenir y hacer cortes. La experiencia es un flujo y el arte estaría en cómo insertar cortes en ese devenir. En el corte es donde se juega el sentido.

RP: Exactamente, y me parece que una de las cosas centrales del arte es la experiencia de un final que parece muy elegante y tendría que ver con una lógica reparadora respecto a la brutalidad del final en la experiencia real. No quiero decir que sea reparadora en el mal sentido, sino en el sentido de producir una experiencia de un acontecimiento que suele ser un acontecimiento trágico. Después está la otra cuestión que planteaba Pedro, que es la idea de la finalidad, es decir, cómo imaginamos la finalidad de nuestra propia vida y hacia dónde va, y sociedades en donde eso parece estar organizado desde la infancia. Esto está también ligado a que la noción clásica del destino —de la existencia de un destino que se acepta— ha sido desplazada. Eso es también un alivio.

Fermín Rodríguez: Esta lógica "testamentaria" del final es también el momento de la firma, ¿no? Esa especie de recrudescencia de la presencia que impone la firma, pero que al mismo tiempo no alcanza: hacen falta testigos que contrafirmen, que atestigüen y garanticen el acto de presencia, o la presencia en acto. Ese lugar es también el lugar del autor: la firma como lugar del autor y la lectura como contrafirma. En este sentido, tomando una línea abierta por Derrida, no estoy completamente seguro de que lo que estamos pensando como cierre en realidad no sea solo la primera de una cadena de firmas.

RP: Seguro. Porque en relación al autor, y jugando aquí con la idea de la firma del autor que legaliza la propiedad del texto, ojalá los textos literarios exigieran testigos de la calidad literaria que justificaría la firma del sujeto que ha escrito ese libro. Un escritor se autodesigna. Mucho más que un profesor que necesita una legitimidad. Incluso un pintor o un músico necesitan la legitimidad de un aprendizaje artesanal. Un escritor, en cambio, se autodesigna porque trabaja con una materia que es la lengua misma. Entonces sería buenísimo, en una sociedad futura, que los escritores estuvieran obligados a que, cada vez que terminan un libro y lo firman, hubiera tres testigos que lo autoricen, que fue él quien lo escribió y que el libro vale la pena.

PF: Ese era, de alguna manera, el viejo sistema de las censuras por la que pasaban los libros desde el siglo XVI en adelante, cuando diferentes instancias en la iglesia y el poder civil tenían que autorizar la impresión y defender que valía la pena que circulara porque estaba lleno de verdades...

RP: Después, siguiendo esto, uno puede pensar en la firma como el final de la carta, por ejemplo.

2. Cartas y circulación

PF: Me interesa mucho que menciones la carta porque, de hecho, te quería preguntar sobre las velocidades de los textos. Me da la impresión de que siempre te ha interesado la correspondencia y la situación epistolar como una forma de suscitar historias. *Respiración artificial* es, quizá, la primera novela epistolar argentina. Pero el sentido de una carta no se puede desligar de la velocidad de la comunicación. Y es un medio que está en proceso casi de desaparición o en desuso.

RP: En la correspondencia había una pausa. Era una escena de escritura interesantísima por eso. Primero porque uno no sabía cómo iba a estar el que la leía. Es decir, uno escribía una carta y el que la recibía no estaba en el mismo estado de ánimo de quien la escribía. Uno tenía que imaginar cuál iba a ser esa situación. Es decir, que había un tiempo entre la escritura dedicada a alguien y el tiempo en que se leía. Y eso se ha ido borrando.

PF: Por ejemplo, alguna vez en la época colonial, mientras se celebraba en América el cumpleaños del príncipe, éste ya había fallecido en Europa. Pasaban meses hasta que las cartas llegaran y, claro, pasaban cosas en esas pausas.

RP: El otro día leí una cosa lindísima. Me impresionó. El modo en que se desencadenó la Primera Guerra Mundial, que en realidad no se sabe por qué se desencadenó. Uno luego tiene hipótesis marxistas y dice: "bueno, los imperios luchaban", pero eso no era lo visible. Lo visible fue que mataron a alguien y que eso desencadenó una guerra que de pronto fue absolutamente monstruosa y nadie podía controlarla. La guerra hacía lo que quería con los soldados y ya no había modo de establecer ningún orden. Un italiano que escribe sobre la guerra en Italia, dice que la velocidad de la diplomacia del momento no estaba preparada para la velocidad con que se desarrollaban las cuestiones a partir de la existencia del telégrafo. Los diplomáticos estaban acostumbrados a un tiempo para las decisiones, que en ese caso fue muy difícil de controlar, porque la información llegaba demasiado rápido y tuvieron que tomar decisiones que si las hubieran podido pensar un poco más no las hubieran tomado. Digo esto en relación a cómo hemos cambiado el momento de la decisión, el momento de poder reflexionar sobre algo para que cuente en un momento determinado. Las cartas son un ejemplo: recibías una carta y tenías un tiempo para contestar. Mientras que el *e-mail* lo pone a uno en una situación instantánea.

PMM: Fermín, la próxima pregunta tuya mándala por carta, por favor.

RP: Sí, así tengo tiempo para pensar un poco.

FR: Estoy pensando, tres horas antes que ustedes, aquí en California, en esas lentas cartas del correo colonial que mencionaba Paul, abriendo un campo de ausencia tan ancho como el Atlántico, donde no hay ninguna garantía para el destinatario de que en los meses que tarda el barco en llegar, el remitente, el que firmó la carta, siga vivo (algo de eso sobrevive hoy en las burocracias). Me pregunto si la firma es justamente el lugar donde el autor recoge el sentido o si, por el contrario, es un lugar muy precario, falsificable, arrastrado por la lógica de la ficción—digamos, un lugar donde la presencia, la respiración, es artificial y ficticia— y la firma, por definición, está contaminada de incertidumbre.

RP: Tiende a serlo.

FR: Es falsificable. Se puede copiar, se puede falsificar.

RP: A mí me interesó siempre algo que Borges hace muy bien. No voy a decir que yo lo inventé, ojalá: la ficción del nombre. Construir algo a partir de la ficción del nombre. Alguien que dice que se llama de un modo que no es como se llama: la lógica de la falsificación, de las identidades cambiadas. Y también lo que arrastran los nombres como relato. El nombre no sería sólo una marca del sujeto, sino que sería —no quiero decir un enigma— la cifra de una historia que está inscripta. Porque los nombres siempre tienen una historia de por qué uno se llama de una manera. Más allá de cómo encontramos esto en textos y en experiencias sociales, la cuestión de la ficción del nombre siempre me pareció muy importante en la relación entre la verdad y la ficción. Es decir, también allí, donde estaría el lugar de la autenticidad, se podría construir un espacio incierto.

PF: El nombre falso.

RP: Exacto, *Nombre falso*.

PMM: En el límite, el escritor siempre es ficcional, en el momento en que pueda poner el *finis* a sí mismo e inventarse como personaje. Yo creo que es algo que está muy claro en tu lado borgeano, en tus reflexiones

e incluso en tu ficción. Pero vuelvo a lo de la velocidad, porque creo que la idea de la conversación hoy
partió de una suerte de urgencia de hablar de la velocidad, porque vivimos la tragedia de que somos parte
de una generación que no sabe exactamente qué hacer
con las pantallas que se interponen entre nosotros y
los alumnos durante las clases. Esa es la escena clásica
de nuestras clases ahora en Princeton. Quisiera saber
cuáles son las potencialidades, lo que puede haber de
productivo en esta nueva escena que de alguna manera nos roba un tiempo, que también es idealizado: ese
tiempo de la carta. Porque la velocidad trae consigo la
idea de que las cosas se aceleran y están fuera de control. Yo siempre me acuerdo de las lindas sentencias
sobre el tiempo de La Rochefoucauld, Madame de
Sévigné, etc., quienes después de escribir una máxima,
que es una condensación de sentido, en el momento
en que la enviaban por el correo con el lacayo, agrega-
ban: "*dès que le courier sera parti...* ya no sé si me gustará
la máxima que acabo de escribir..." Había entonces
una especie de juego muy interesante y una conciencia
de la circulación de la lectura y de la velocidad. Nosotros estamos en un extremo en el que lo normal o
lo más fácil es decir que la aceleración contemporánea
es el fin, es la barbarie, no existe más ni intervalo ni
tiempo para que uno tenga sus dudas y pueda dar su
clase. Así que, ¿cómo lidiar con esas quince caras de
estudiantes que están ahí delante de la pantalla?

RP: Hay varios lugares posibles para entrar. Una cuestión importante es la noción de interrupción, que uno la trae también desde la experiencia con la literatura. Uno podría registrar muchas escenas de interrupción como escenas conflictivas en los textos. Pero también en una experiencia cotidiana cualquiera, la aparición de una interrupción puede funcionar como un elemento de amenaza. Por un lado, tendríamos que pensar la noción de interrupción y cuál es su virtud. Y cómo se defiende uno de esa interrupción. O como se defiende un determinado orden, no sé como llamarlo, no le quiero llamar orden social, o una determinada sociabilidad. Por ejemplo, los argentinos cuando vienen a Estados Unidos siempre se quejan porque la gente avisa con mucha anticipación que va a venir, mientras que la amistad sería el derecho a interrumpir. Un amigo es un tipo que en cualquier momento viene a tu casa y te toca a la puerta. Eso no quiere decir que uno siempre se alegre cuando pasa.

PF: Pero uno admite la interrupción.

3. Interrupción

RP: Porque si uno está en cualquier situación, no tiene que ser una situación erótica extrema, sino en una situación cualquiera, la lógica social te obliga a aceptar la interrupción del amigo y a decir "¡qué maravilla que viniste, que suerte que se te ocurrió!" Yo me acuerdo una época en que vivía en Montevideo y Sarmiento, y al final me mudé, porque claro, le quedaba a mano a todo el mundo. Entonces, cualquiera que estaba por ahí decía, "voy a verlo a Ricardo". Hay un tipo de interrupción que tiene que ver con un funcionamiento no clasificado y que aparece siempre como contrapuesto a los modelos muy estructurados. Y volvemos a la cuestión de los alumnos. Lo hablamos mucho con Beba. Los chicos van a clase, y luego van al violín y al esgrima, después van a estudiar trapecio, y no hay un tiempo para que el chico pueda dedicarse a hacer lo que le da la gana.

PF: También existen fuerzas mayores. Tienen 25 años y una deuda de miles de dólares a treinta años. Hay una presión enorme para que entren en un sistema que no admite la interrupción.

RP: Porque yo había visto... pero, no sé si estoy hablando demasiado.

PM: ¡Eres el invitado, tienes derecho!

PF: No te quería interrumpir...

RP: Leí por ahí que están muy preocupados porque en algunos trabajos los empleados ya no están siendo eficaces, porque según sus estudios 40% del trabajo se pierde en los *e-mails* que llegan. Entonces los ingenieros de computación están tratando de inventar lo que ellos llaman "la interrupción perfecta". Es un concepto genial. Es la interrupción necesaria.

PF: Es la anti-interrupción.

RP: Están viendo si pueden organizar un sistema de *e-mail* con la interrupción perfecta en el que si llega un mensaje muy importante entonces ese sí lo tienes que leer. Y los otros se quedan muy educados en la espera. Quiero decir, que no somos los únicos que estamos pensando en los chicos con la pantalla...

PF: Claro, las corporaciones están muy preocupadas. Pero es quizá una preocupación de distinto género. Por ejemplo, uno está en la clase hablando sobre Sarmiento, de cómo al final de su vida estaba mal de salud y se va a morir a Asunción. Y tienes un estudiante en segunda fila que te dice "perdón, profesor pero no era Asunción, sino tal otro pueblo", porque lo está mirando en Wikipedia. La clase se ha abierto a un mundo en el que el alumno está jugando a verificar la sentencia del profesor y la autoridad está en Internet.

PMM: Pero ese es el plan de la "información" en el sentido que dice Benjamin, que está pensando en cómo reaccionar a ese mundo, y rescatar la experiencia.

PF: Y que la información anula o mata la narración.

RP: Ahí hay una contradicción que es muy importante tener en cuenta. La narración sería un relato con final, mientras que la información no tiene fin. Es una cadena interminable de posibilidades, de aspiración a tener más información. El hecho de que haya un cierre no forma parte del concepto de información.

PF: Según Benjamin la novela también es un relato con final, porque la modernidad separó la muerte de la vida cotidiana y la novela la restituye de algún modo.

RP: Yo creo que si uno quiere trabajar con esta cuestión hay que ver qué lógica de final tiene el relato, la forma breve, el cuento, qué forma de final hay en la *nouvelle* y cuáles son las formas posibles del final en la novela. Así se podrían diferenciar esos géneros.

FR: Vuelvo un poco a lo que te proponía Pedro de pensar tu trabajo como profesor, tu enseñanza, en tensión con tu escritura. Por un lado, si la lógica de la experiencia universitaria norteamericana es la no interrupción, la academia como repetición mecánica y gestión burocrática del saber, la clausura y el encierro como condición de la formación, ¿no es la literatura precisamente la interrupción? Está hecha de interrupciones: lo que corta, lo que rompe, lo que viene de afuera y fuerza a pensar. ¿Cómo verías esa tensión?

RP: Las grandes poéticas contemporáneas insisten mucho en la necesidad de la interrupción. En el sentido de ir a la vida. Está el modelo del tipo que vive en su biblioteca, y del tipo que ha vivido y se fue *On the Road*, tipo Kerouac, todas las tendencias que intentan, digamos, enfrentar a la cultura como un sistema muy cerrado que no deja interrumpir ahí a la pasión, la sexualidad, la política. En torno a ese concepto habría que establecer un registro para poder acercarnos a ver en qué condiciones funciona. Y por otro lado, se supone que la literatura tendría que ser una práctica que pusiera al que lee siempre en la situación de que aparece algo que no espera. Si la literatura confirma todo lo que se está esperando, me parece que no logra su efecto. Yo creo que eso ya viene con la idea de Poe de la sorpresa final, que es muy sutil —cada vez valoramos más a Poe—, porque es una teoría de la lectura, en definitiva.

PMM: Pero que presupone la no interrupción.

RP: Exacto, para dejar una sola. La irrupción de ese final inesperado.

PMM: Ese es un gran problema. Yo vuelvo a lo de Fermín y pienso en términos de filosofía pedagógica, preguntándome ¿qué hacemos? Yo siempre hago el chiste con mis estudiantes de que el gran desafío pedagógico es hacer con el aula lo que hacen los analistas: cerrar la puerta como si fuera un consultorio, como si fuera una cosa que uno no puede romper... Pero en el momento mismo en que ellos abren la pantalla, se acaba, se produjo el momento de la interrupción, y se liquidó ese juego delicado con la revelación final que intenta recuperar tiempos otros, en términos benjaminianos, tiempos de la narración oral. Eso que la novela trabaja trágicamente como una pérdida. La pérdida de la continuidad de la historia a partir de la posibilidad de la comunidad, no de la individualidad.

RP: Siguiendo, como argentino, con la metáfora psicoanalítica, la relación de enseñanza es una relación de transferencia. La transferencia no la inventó Freud. Él reconoció las relaciones de transferencia en las pasiones, en las relaciones amorosas, en las relaciones religiosas y en las relaciones pedagógicas. ¿No te parece?

PMM: Tiene un poco de todo. Las relaciones pedagógicas son una mezcla de todo eso.

RP: Pero hay un elemento de transferencia, me parece. Uno tiene que imaginar que en un momento debió existir una escena de transferencia. ¿En qué consiste? La transferencia consiste en que uno le da al otro el saber. Entonces, cuando miran la pantalla, no te están dando el saber. El saber de esa transferencia, de decir "es el otro el que sabe". Ponen en cuestión ese saber con lo que ven en la pantalla.

PF: Se quiebra el pacto de lectura o queda amenazado. Por ejemplo, cuando doy clases en un aula con una ventana muy grande en el primer piso y llega la primavera y empieza a pasar intensamente, caminando, la vida por la ventana, siempre hago el chiste de que, bueno, es imposible continuar con la clase...

RP: Bueno, yo de eso sé poco... Pero también podemos poner el ejemplo de las tradiciones y discusiones que se dan en los diálogos platónicos. En el sentido de que la experiencia de educación no puede ser una cuestión aislada.

PF: Sin duda. La ventana es una necesidad. El arte está en mantenernos aquí, sabiendo que el deseo está afuera. Pero la computadora que se abre en clase es una ventana de otra naturaleza, que tiene que ver con la pedagogía misma y con el conflicto entre información y narración. Quizá la literatura es siempre una gran interrupción. Y las clases ponen en escena esa tensión: la demanda de información, por un lado; y nosotros como narradores orales, volviendo a los cuentos y las historias, por el otro.

RP: Porque uno también tiene que recordar, por lo menos en mi generación, que siempre había unos pibes que ponían en el libro que se estaba discutiendo las *Memorias de una princesa rusa* o un cómic. Siempre había un juego de que alguien estaba haciendo de cuenta que estaba siguiendo la clase o el manual.

Ahí podríamos hablar de la noción de entretenimiento contrapuesta a la posibilidad del tedio. Pero me parece que ustedes apuntan a algo más de fondo. No se trata solamente de que ellos estén mirando la pantalla porque se quieren entretener.

PF: Aunque también es parte del problema. Porque el aburrimiento sería una condición necesaria para pensar una experiencia y producir una narración.

PMM: Eso supone que hay una fantasía necesaria para sostener la voz autoral o la voz pedagógica, fantasía por la cual lo que uno está diciendo es más interesante que lo que está en la pantalla.

RP: Y más interesante que lo que está en el mundo, también.

PF: Es la fantasía que sostiene el pacto pedagógico.

FR: Pero ¿no les parece que la enseñanza multiplica relaciones y deshace esa posibilidad de autonomía de la transmisión? Dejando de lado el fetichismo tecnológico, no alcanzo a ver una ruptura en la escena. Conectar, diseminar saberes, multiplicar planos de análisis, expandir redes, abrir mundos virtuales, constituye el núcleo virtual de nuestra práctica. Enseñar es destituir un poco el lugar de la transferencia. Uno está en red en el sentido de que transmite, repite, es legatario de testamentos: heredó. No puedo ver el corte, en verdad.

RP: Por supuesto. Hablo de mi idea de lo que sería esa función, porque nunca tengo la sensación de que me suceda a mí. Si yo tuviera que pensar en qué consistiría esa relación de transferencia, diría que es transmitir un interés en algo que no tiene que ver con quien está enseñando, sino con algo que se supone que debe ser interesante. El interés es lo que uno tiene que transmitir. El interés por aprender física atómica, por ejemplo. Entonces, en eso estoy con vos. Ese interés está ligado a que uno sería tan sólo una especie de red de conexión.

PF: Pero creo que hay ciertas instancias, como el maestro, que comunican una experiencia, y los estudiantes lo perciben. Es una presencia humana en la escena de la clase. La relación con un maestro es un camino diferente de buscar o facilitar la información.

RP: Por un lado habría que tratar de ver si podemos decir que esa tensión entre información y experiencia se puede traducir en una tensión entre información y algo que no sabemos cómo llamar, que se podría llamar educación, pedagogía o "fachada", como diría Gombrovicz, "alguien hace la fachada", "pone la facha", decía, y hace de cuenta que está enseñando algo que no sabe del todo. En ese registro, tendríamos que empezar quizá a construir una serie de relaciones entre la información, como un tipo de experiencia, y la narración y otras.

PF: Recuerdo ahora algo que hablábamos en el café hace unos meses. Me decías que cierto tipo de clases hoy ya no tienen sentido. Hace años era común hacer una clase para recopilar información dispersa, no accesible: el profesor cumplía esa función de facilitador. Pero ahora en tres minutos se resuelve por internet. Tenemos un compromiso de no reproducir lo que los alumnos pueden hacer en la pantalla. Eso nos exige hacer otra cosa con la clase.

4. Cuerpo

RP: Yo leí los otros días, no sé si lo vieron, la publicación de un curso de Foucault, y no recuerdo cómo se llamaba, algo del cuerpo ["El cuerpo utópico", conferencia de 1966]. Y lo que dice ahí es extraordinario. Él opone utopía a cuerpo. Dice que el cuerpo es lo único que no se puede trasladar a un espacio imaginario perfecto. Yo me levanto todas las mañanas y me miro, y veo que soy calvo, que me está pasando algo en el cuerpo que no tiene que ver con el modo en que yo imagino todas mis construcciones. El cuerpo sería en esa línea un lugar de la presencia, para volver a esa palabra. Entonces, la educación o la pedagogía, ¿es una práctica con los cuerpos, en el sentido de que los cuerpos están ahí, o puede convertirse en una práctica que se realiza a través de otras vías? Y me parece muy interesante la cuestión, lo que podríamos llamar los mundos virtuales, las vidas posibles, las redes alternativas a las que uno se puede conectar y el peso del cuerpo, al que Foucault me parece se refería diciendo "el cuerpo no se puede trasladar". Y el cuerpo tiene una velocidad...

PF: Humana.

RP: Claro. Podríamos hablar de la imposibilidad de la velocidad extrema que tiene el cuerpo. Uno puede subir a un avión. Pero es mucho más lento. Cualquier máquina que te lleve a un lugar es mucho más lenta que la velocidad de la luz que tienen las computadoras que actúan de una manera instantánea. El cuerpo no se puede poner: lo vemos aquí a Fermín, pero él está en San Francisco. ¿Estás o no estás en San Francisco? ¿San Francisco, Córdoba?

FR: Me pregunto si esa relación entre cuerpo, palabra y deseo que articula la clase se mantiene en el escenario de una clase "virtual". ¡Cómo analizarse por Skype! Transferencia versus transmisión de datos y bytes. La presencia del cuerpo y la carga aurática de la voz, aunque abierta a la repetición y diseminación, se me hace necesaria, o al menos específica. Y hablando del espejo de Foucault, Ricardo, ¿tenés dimensión de tu gestualidad en clase?

RP: No, mirá, porque los estudiantes parece que se ríen un poco. Por eso trato de no investigar mucho. Sobre todo con los *undergrads*.

PF: Todo eso es parte de la experiencia de la clase.

RP: Claro. Pero, mirá, yo no podría hablar de mis gestos. Eso lo aprendí de mi padre, qué se yo, que forma parte de mi historia.

PF: Hay un ritmo biológico, humano, de la clase, digamos: uno camina, se mueve, respira. Quiero imaginar, ya no sé si es cierto, que eso es importante en el proceso de enseñanza. Y no dudo de que se puede aprender mucho de la pantalla.

RP: Se aprende muchísimo. Y quizá esto de la presencia del cuerpo es arcaico.

PF: Lo es, pero si empezamos definiendo la literatura como una interrupción, entonces, bien, yo estaría peleando por seguir interrumpiendo con un flujo que me lleva a lo arcaico.

RP: Yo creo que una de las lecciones más extraordinarias de Benjamin, sigue esa línea de lo que dijo Fitzgerald, que una inteligencia de primera calidad es aquella capaz de pensar dos cosas contradictorias al mismo tiempo. Y Benjamin tiene esa capacidad. Por un lado se alegra porque se terminó el aura y por el otro le parece terrible que la experiencia esté en crisis. Y son elementos que van y vienen. Entonces yo creo que frente a esta situación nosotros tendríamos que tener esa doble articulación.

PF: Y lo tenemos a Fermín en la pantalla. Felices de tenerlo acá gracias a la red.

PMM: Totalmente, pero falta algo...

RP: Fermín habla como debe. ¡Todo lo que dice Fermín es como lo que dice un tipo que está en la red absoluta!

PF: ¡Sería absurdo que Fermín defienda en este momento el cuerpo!

RP: No, no se sabe lo que defiende, porque está todo allí, y uno llega a casa y dice, ¡Fermín me dijo esto y yo no me había dado cuenta! [risas]

FR: La voz y el éter. El cuerpo es el estilo.

5. Instituto de lectura veloz

RP: Me interesa mucho, en relación al tema de la velocidad, la relación con la lectura. Bueno, seguro que ya me lo han escuchado decir. Lo que se ha acelerado es la circulación de los textos, tenemos acceso de manera instantánea a un registro amplísimo de posibilidades de lecturas. Pero yo en broma digo que seguimos leyendo a la misma velocidad que en los tiempos de Aristóteles. Es decir, que cuando se dice que una imagen vale más que mil palabras lo que se dice es que una imagen es más rápida que las palabras. Para leer mil palabras se necesita un tiempo, porque hay que leer un signo, y otro signo, y otro signo. Mientras que el desciframiento de la imagen es absolutamente inmediato e instantáneo. Ese para mí es un punto. Por más que haya, como sabemos, una cantidad de circulación de información y de textos que circulen en la red de una manera increíble, siempre va a haber que esperar el tiempo necesario para leer una página y después otra página. Y no han logrado hacer nada con eso, no logran ponernos un chip. Ustedes se acordarán de la idiotez de los institutos de lectura veloz. En Buenos Aires había muchos. Sencillamente te enseñaban a leer como Macedonio: el lector salteado, te salteás una parte y vas más rápido, pero eso no quiere decir nada.

PF: El lector salteado, digamos, es muy eficiente ahora con la máquina.

RP: Es el lector actual.

PF: Además, la computadora te permite saltar a lugares concretos. Así leemos todos cuando estamos buscando un dato. Creo que muy pocos ya leen la página completa, es una forma de leer que se va a ir perdiendo. Macedonio se impuso.

RP: Es decir, pocos cambian la velocidad. Si partimos de la hipótesis de que más allá de la cantidad de textos que lean, la lectura les va a llevar un tiempo, que es un tiempo que depende del cuerpo y de la relación entre el lenguaje y la temporalidad. El lenguaje nos enseña qué es el tiempo. Porque nos enseña, primero que nada, la articulación verbal, y por lo tanto es una experiencia con las relaciones que tenemos con la temporalidad; y por otro lado, el relato, que sería el ejemplo mismo de ese procedimiento. Entonces, la relación entre el tiempo y el lenguaje se puede acelerar o cambiar desde el punto de vista de la difusión, distribución y circulación de los textos. Pero es muy difícil modificar la relación que uno puede tener con el lenguaje, en términos, para nosotros, de la lectura.

PMM: Ricardo, eso significa que estás cerca, cuando lo postulas así, de una sacralización de la misma lectura, ¿no es cierto? De alguna manera, yo sigo con mis preocupaciones pedagógicas. Estoy pensando en qué enseñamos. Y a veces me pongo delante de la fantasía de que lo que enseñamos, o intentamos enseñar, es a leer, o sea, intentamos ofrecerles a los estudiantes una especie de marco contra-ideológico de la lectura, lo que significa robar el tiempo de la máquina productiva y poner ese tiempo para la lectura, para esa clase, etc. Y lo que planteas es quizá una sacralización de ese espacio contra-ideológico, lo que es un problema fascinante.

RP: Me acuerdo ahora de algo que decía Bellow, que confirma lo que vos decís. El arte es una pausa, es un momento de pausa, y por eso se parece a la oración, decía él. Hay algo de eso. En el sentido del tiempo que hace falta, esa especie de tiempo personal, yo lo llamaría, porque uno puede encontrar muchas relaciones en ese momento en que la lectura ocupa un espacio determinado. Por un lado, estaría eso que también Benjamin percibió muy bien, que él llama "la percepción distraída". El modo de percepción del sujeto contemporáneo. No es que nosotros no funcionemos con la percepción distraída. Siempre cuento que cuando lo fui a ver a Manuel Puig, él estaba en la cocina de la casa mirando una telenovela, escribiendo, y hablando con la madre que le estaba cebando un mate, en una escena totalmente contraria a la escena de escritura que puedes encontrar en Flaubert, en Faulkner, en Hemingway o en quien sea. Estaba en la escritura distraída. Lo que me queda como reserva es que si nosotros pudiéramos hacer saber que la lectura de la literatura supone una —no sé cómo llamarla— artesanía, una cualidad que luego permite leer bien cualquier otro texto, sin siquiera quedarnos en el registro literario, sino sencillamente que ahí existe una manera particular de descifrar el sentido, si lo que enseñamos es ese procedimiento de lectura, el sujeto va a poder leer muy bien la publicidad, los discursos políticos, todo lo que está en la red. Ese sería el modo más fino, más sutil, de practicar ese arte de una temporalidad personal que no hace otra cosa que repetir una experiencia de larguísima duración que consiste en leer un signo después de otro, y que es algo que no se ha podido modificar, sea que leamos un *e-mail* u otro tipo de texto.

FR: ¿No hay allí una utopía, la de un tipo de palabra capaz de intervenir en el presente, como una puntada de duración? Y vuelvo a la cuestión de la firma que sería el momento en que la escritura toca el presente, donde la materia de la escritura es el presente de la presencia. ¿No hay ahí una relación de la literatura, de la novela o la escritura con el presente, y la velocidad de la escritura que, en realidad, sólo podría decir en presente: "yo, acá, ahora, escribo-firmo"?

RP: Sí. Eso es la lírica. La lírica es "yo estoy aquí y veo", puede decir también "y escribo". Trata de captar el presente. Ese es otro tema. La relación con el presente, yo la veo más bien, si me disculpan la cita, en la línea del intempestivo de Nietzsche. Está en el presente aquel que no está en el presente, aquel que tiene con el presente una relación de distancia y de pensamiento. De lo contrario sería sencillo estar en el presente. Una de dos: o estar en el presente es una condena que uno no puede evitar, y de seguro es así, entonces uno siempre es un hombre del presente aunque lo quiera evitar, como muchos amigos que tratan de ser aristócratas del siglo XVIII —conocemos a varios—, que tratan de ver si pueden ser considerados hombres muy finos que funcionan en un tiempo que es propio; o el otro, que trata de cambiar rápidamente a ver si el presente no se le escapa. Ese sería un modo espontáneo de estar en el presente. O habría que pensar qué quiere decir estar en el presente. César Aira, por ejemplo: ¿te parece que Aira está en el presente? Ahora te pregunto a vos, Fermín, ahora yo te interrumpo, hablo de tus referencias.

FR: La fuga hacia delante de las novelas de Aira y ese mito de escritura del escritor que "no corrige", disolviendo, relajando la mediación de la forma, me parece que tiene que ver con esa velocidad de la escritura —una aceleración que, poniendo distancia de la "lentitud" reflexiva, busca la utopía de emparejar escritura y pensamiento. Estoy pensando que tu respuesta en los años ochenta a la cuestión de relatar los hechos fue, de manera táctica: no se puede, hay que hacerlo de otra manera, hay que construir mediaciones, darle forma. Me pregunto si todavía tenés esa misma respuesta.

6. El presente

RP: Me parece que el que se ocupa del presente es el periodismo. Y desde luego que hay muchas conexiones entre literatura y periodismo. En el caso de

Aira, él está trabajando con una expansión de la noción de diario. Esa es la poética interesante de Aira. Él haría una novela con esta situación acá, y luego otra inmediatamente con la situación del testamento, y luego sale de aquí y se encuentra con un perro y escribe.

PMM: Es la lógica del blog.

RP: No sé si de blog. Es decir, captar un instante. Él dice una cosa que me parece muy bien y por eso sus discípulos son un poco patéticos, que es "no hace falta nada para escribir una novela". Yo puedo escribir una novela sobre esas sandalias lindísimas. Me encontré unas sandalias rojas en la casa de una amiga y empiezo una novela, ¿cómo no? Me parece que eso es lo que Aira hace. Y después cada uno tomará su posición respecto a esa manera de entender la narración. Ahí lo que importa es el sujeto que escribe, no tanto lo que está pasando. Ahora bien, que lo que importa es el sujeto que escribe también tiene que ver con cierta idea del presente de lo que es un sujeto, que es un sujeto rápido, que va en la superficie, que no se preocupa por la forma ni por el estilo como marcas de una densidad: podríamos decir un sujeto ágil. Pero yo estoy en la oposición absoluta a esa poética. Por eso le hice el chiste y lo puse en problemas a Fermín. Si hubiera estado acá, no se lo hubiera dicho. Pero como está lejos...

PMM: Yo preguntaba por el blog, porque creo que el soporte de eso que estás atribuyéndole a Aira está en esa forma. En el blog, en el twitter, hay una especie de multiplicación absoluta de la escritura, y de hecho 99% de los blogs y de los twitter son la banalidad que simplemente se trae a la pantalla. Pero mi pregunta es un poco, ¿qué pasa con ese 1%? ¿Qué se puede hacer literariamente con esa forma que presupone una inmediatez de la publicación? Es como si el problema de los muralistas, la exhibición absoluta, fuera empujado al extremo.

RP: Lo más parecido a eso. Aira publica sus novelas y tiene una posición de escritor tradicional. No sé si tiene un blog. Me refiero a lo que publica y lo conecta con el diario. Porque yo tengo una experiencia de escribir diarios. Se escriben en el instante. No sé nunca cuándo voy a escribir, ni por qué, ni qué situación, no es que tengo deliberadamente la idea de cómo el diario tiene que estar escrito. Algo me llama la atención y lo escribo. Entonces, me parece que esa forma uno podría recorrerla en la experiencia del diario. Lo que yo veo en relación al blog, y en cierto sentido a ciertas corrientes actuales de la literatura, es algo que encuentro muy desarrollado en la cultura actual, en las nuevas tecnologías y en la cultura de masas, que es *la voluntad de ser interpretado.* Yo lo llamo la voluntad de ser interpretado. Se escribe para ser interpretado, no ya para ser leído, que sería algo que tendría que ver con la tradición más clásica. Yo veo eso muy claro cuando estamos aquí en Estados Unidos y vemos series de televisión, como *Lost* o *The Wire*, y al día siguiente hay una cantidad absoluta de interpretaciones que hace que cuando se vea el segundo capítulo uno ya es un lector preparado para ver lo que ya está preparado. Posiblemente haya una conexión ahí entre el blog y todo lo que éste supone, incluso el twitter —lo conozco menos—, donde también inmediatamente llega la respuesta del otro, que es lo que en verdad está deseando el sujeto que escribe.

PF: Y el sentido del texto es una composición entre varios. Es una obra en colaboración. Hecha en diálogo con la inmediatez.

RP: Eso lo conecto con dos cosas. Por un lado, con la narración oral, que es muy clara en eso: la narración se contesta con otra narración. Es algo muy tradicional, yo te cuento lo que me pasó y tú me cuentas lo que te pasó a ti. No tiene la forma de la conceptualización o la discusión, sino que uno cuenta una historia y el otro cuenta otra. Por otro lado, la otra forma que veo como relación entre narración e interpretación es el fútbol, que sería el relato de masas por excelencia. Hay un tipo que cuenta el partido y otro que lo interpreta, al mismo tiempo. Es decir, que la cultura de masas tiende a establecer una relación entre un relato y su interpretación. "El partido viene así" y el otro dice "no, es que están jugando 4-3-3 y luego viene el *wing* por el medio". El partido viene interpretado.

Entonces, esa voluntad de ser interpretado hay que pensarla en relación a las nuevas tecnologías.

PF: En ese concepto de presente que soltaba Fermín y en el diálogo que estaban teniendo ustedes alrededor de Aira, ¿está implícito que ciertas poéticas son más fieles al presente y otras estarían más mediadas por la forma o por la alta cultura? ¿Reconoces ese debate allí?

RP: Definitivamente. Porque yo soy un hombre de edad ya y tengo varios debates en mi historia literaria. Me hace acordar del debate del realismo. Un escritor tenía que representar la realidad social y dejarse de joder. O sea, que siempre hay una exigencia. Y yo decía eso con Germán García siempre en broma: "los periodistas nos piden que les hagamos el trabajo". Venía el periodista y decía "¿Por qué usted no refleja la realidad política?" "Pero bueno, es usted el que lo tiene que hacer". Los jodíamos un poco a los periodistas con eso. "No me pidas a mí que te haga el trabajo a vos...". Lo del presente me parece un poco lo mismo. Ahora, yo les puedo decir mis sentimientos y hacerles una confesión. Todas las novelas que he escrito han sido sobre el presente. *Blanco nocturno* es una novela sobre el conflicto con el campo, de lo que está pasando con el campo en Argentina. Pero a mí me parece que la literatura no tiene que decir las cosas directamente. La única novela que yo escribí sobre el presente desplazado fue *Respiración artificial*, que escribí en el momento mismo de la dictadura, pero no dije que estaba haciendo una novela sobre la dictadura. Y para mí *Plata quemada* es una novela sobre el menemismo, sobre la corrupción política, la policía y el dinero que se tiraba a la marchanta. Entonces yo no veo que mi poética, que es una poética de la elipsis y de la distancia respecto al presente, no sea una manera de intervención en ese sentido. Eso en relación al presente. De modo que lo que tendríamos que hacer con una posición conciliadora —conciliadora porque vos, Fermín, estás ahí, de lo contrario no sería conciliadora y seguiríamos peleando— sería decir que cada uno hace lo que puede con el presente, algunos de un modo más visible y otros de una manera menos visible. No me parece que sea posible escapar.

FR: Sin embargo, pensando en *Blanco nocturno*, estoy de acuerdo con que tu modo de relación con el presente es lateral. Pero el presente se define en relación a coordenadas históricas, imaginarias, deseantes, que se transforman. En el imaginario y los debates de los ochenta, era el relato del Estado. Habría que ver cuál es el relato ahora, respecto de qué presente y en qué tipo de sociedad se plantea el problema de la tensión o de la autonomía. Desde el punto de vista del final, en *Blanco nocturno* —para volver al comienzo de nuestra conversación—, ¿no hay un aflojamiento, una distensión de la forma? Es una novela policial sin final, abierta, inconclusa, como el presente mismo.

RP: Esas cosas uno nunca tiene que decirlas. Las digo porque estamos acá, en confianza. Uno nunca tiene que explicar qué uno piensa cuando escribe una novela o que esa novela es una forma de intervención. Me parece tautológico. Uno no tiene que hacerlo. Pero sé que ahora hay una escena crítica que tiende a poner el presente como cuestión, antes era el realismo o el ser latinoamericano.

PF: Pero aquí el concepto de *presente* remite a la noción de inmediatez, me parece. Quienes no trabajamos con textos contemporáneos tenemos un concepto más elástico o extenso del presente.

RP: Bueno sí, porque nosotros, los marxistas —si me perdonan ese nosotros—, pensamos el presente como historia. No nos podemos imaginar un presente que no tenga detrás o que no actualice la historia. Después hay otro tema que está en la circulación del debate literario también en Estados Unidos, no sólo en la Argentina, que son las dos literaturas que yo conozco, no bien, pero que más o menos conozco. Aparece una generación y trata de decir qué es lo que hace en relación a la generación anterior. Es una lógica que la podés llamar generacional o como quieras. Nosotros hacíamos lo mismo cuando aparecimos. No nos interesaba para nada que nos fueran a confundir con la banda de los que estaban ahí instalados. Entonces, me parece que la idea de una serie de jóvenes escritores

que están muy interesados y ligados al presente es algo
que es comprensible.

7. Velocidades narrativas

PF: Me imagino, por ejemplo —aunque puede ser
un conflicto completamente falso—, a un lector de
veinte años, muy enganchado con la inmediatez de los
medios electrónicos, enfrentado a una novela de Juan
José Saer, que exige otra velocidad de lectura. ¿Cómo
la lee? Pongo a Saer sobre la mesa de la conversación,
como material de trabajo.

RP: Siempre hay un conflicto con la literatura de
Saer en ese punto. Me refiero a los autores como si
fueran figuritas o materiales de trabajo, que representan cuestiones más allá de lo que ellos mismos querían
hacer. Yo desplazo el problema de Saer. Para mí la
cuestión de Saer es la descripción: es lento narrativamente porque está muy interesado en la descripción.
Y cualquiera que narra, Saer primero que nadie, sabe
que la única manera de acelerar un relato es ¿qué hago
con la descripción? Lo único que frena la narración es
la descripción. No la frena nada que tenga que ver con
el tema, como se pensaba en una época. No es una
cuestión de contenido. Es una tensión entre narrar y
describir, para retomar la fórmula de Lukács. Y me
parece que Saer, como tiene en el horizonte de su literatura la lírica, y quiere establecer una conexión entre

la novela y la lírica, entonces escribe en presente, que tampoco acelera nada la narración, y habitualmente su imagen básica de comienzo de narración es: "ahora estoy aquí, y veo". Así comienza una novela de Saer.

PF: Eso para ti es una escena lírica.

RP: Claro. Y él la repite como escena narrativa. Y aparece muchísimas veces, no es algo que uno descubra, está visible en lo que él escribe. Por eso yo siempre lo pongo en relación, para seguir con esta cuestión de los materiales, con Walsh y con Puig, que son escritores contemporáneos a él. Entonces Walsh tiene una velocidad narrativa notable, sin perder la elegancia y la eficacia de la prosa. Y con Puig la cosa es interesante pensarla, porque hay momentos en que Puig frena esa aceleración de la narración, como por ejemplo, en *The Buenos Aires Affair*.

PF: O en el uso de las notas a pie de página, a las que tú también recurres en *Blanco nocturno*. ¿Puedes hablarnos un poquito de eso? ¿Por qué el narrador de *Blanco nocturno* tiene esa necesidad de establecer ese segundo diálogo con el lector con la nota a pie?

RP: En realidad yo empecé a escribir esas notas en un documento aparte, como se dice ahora. Sin estar muy seguro si las iba a usar. Yo había usado ya notas en *Nombre falso* en 1975. Así que era una forma conocida. Y luego empecé a pensar que muchas de las que había escrito podían funcionar. Traté de que se pudieran leer autónomamente. Y seleccioné las que tenía ahí y las empecé a distribuir en el texto. Y aquí doy, otra vez, una explicación que no debería tomarse en cuenta, porque la explicación del autor no importa. Porque me parecía que la novela se cerraba demasiado, como suele suceder en el género policial, que uno tiene la ilusión de que todo está puesto en el interior del relato. Y entonces empecé a poner una serie de notas que abrían hacia cuestiones que estaban implícitas en el libro pero que yo con la nota le daba la impresión al lector que tenía que investigar más si quería captar esa cuestión. Ese fue el motor del asunto.

PF: ¿No se trata de alguna manera de repensar la instancia de autoridad, o de autor, como si hubiera en el texto, además, un editor?

RP: Pero eso sucedió por el tipo de nota que había escrito, y tuve que usar ese sistema. Una nota que yo quería poner era la que explicaba el título, porque el título siempre pareció muy enigmático. Como efectivamente a mí me había pasado leyendo los diarios ingleses y había pensado en la terrible situación de la mirada de los rayos ultravioletas que se ven de noche y pensé que los iban a matar a los chicos inmediatamente. Y apareció la idea del blanco nocturno ahí, y puse esa nota. Como esa nota me remitía a 1983, por lo menos, empecé a trabajar con la idea de que las notas no están en el mismo tiempo de la novela. Y eso produce un efecto raro.

PF: Como otra presencia, otra instancia en la narración.

RP: Aparece como un momento futuro. Y entonces yo traté de que eso fuera más nítido, así puse "tres años después de esta crónica".

PMM: El autor leyéndose a sí mismo.

PF: U otra instancia.

RP: Porque a veces aparecen citadas las notas.

PMM: Pero ¿eso no presupone la escena de lectura? Es un tema bien tuyo. De alguna manera una nota a pie de página presupone una escena de lectura, lo que de nuevo pone más fuerza en la idea de un autor ficcional. Se trata de un trabajo de autoría porque estás buscando una especie de coherencia imposible. Las notas son una intervención en el sentido de esa búsqueda.

8. Democracia y medios

PMM: Propongo un pequeño cambio, y te pregunto algo personal, algo de lo que ya hemos hablado un par de veces. Tengo incluso la sensación de que es un punto delicado y tal vez difícil de hablar, y quizá por eso sea importante: el aspecto democrático del acto pedagógico. Yo vuelvo a una cuestión "moralista", o por lo menos "jesuítica", sobre qué hacemos, a quién vamos a convertir y cómo y cuál es el mensaje. Porque todo lo que decías cuando reaccionabas a esa idea de la sacralización del momento de la lectura, de las posibilidades de lo que está en el aula, de alguna manera reproduce esa idea de la unicidad, del momento en que uno está delante del texto, y eres tú y el texto, nada o nadie más. Hay un compromiso con algo muy reducido —yo y el texto— que no es democrático. Y ahí estamos bajo el gran fantasma de que el deseo —volvemos a los cuerpos—, que está de alguna manera actualizado en una buena clase, va en contra de un deseo colectivo. Y el deseo colectivo es una definición posible de la democracia. Es algo muy —no quería usar la palabra— aristocrático, aunque lo sea en el buen sentido nietzscheano, de una máxima exigencia del espíritu.

RP: Está bien ese punto, que es muy importante para la discusión política. Lo asocio eso con dos cuestiones. Por un lado, el obstáculo que tienen las utopías y los sistemas de las sociedades alternativas realizadas o no, es el deseo de los individuos, que no se puede socializar. Hay un individuo que se enamora de un almohadón y a otro individuo le gustan las mujeres rubias. Entonces vos no podés decir, "acá en esta sociedad todos los que deseen mujeres rubias tendrán mujeres rubias", porque hay tipos que no las van a querer. Nunca me gusta este tipo de citas, pero en *La República* ya está ese problema. ¿Qué hacemos con la gente? Vamos a ser solteros para que las relaciones sexuales puedan ser manejadas por el Estado y entonces vamos a hacer trampa, decía Platón, para que la gente que nosotros queremos que realmente esté junta, esté junta. Ahí hay un obstáculo fuerte que cuestiona el socialismo y la democracia política. En el sentido de que es muy difícil uniformar las pasiones y los motivos por los cuales los sujetos se interesan por los otros sujetos. Yo no tengo la respuesta a eso, pero me parece que es una cuestión. Los que intentaron darle una respuesta son los que empezaron a crear esas sociedades conspirativas, como Bataille, Klossowski, Michel Leiris, que empezaron a pensar en modelos de pequeños lugares donde el deseo podía funcionar como cada uno de ellos quisiera, la orgía ligada con la fiesta, y eso en algún sentido ligado también con la revolución, con Sade, en fin: ahí hay toda una línea. Por otro lado, mi otra respuesta sería que la experiencia que yo tengo en la universidad, incluso en Buenos Aires donde las cosas son mucho más masivas, es que el espacio académico es el único que resiste a la cultura de masas. Nosotros nos podemos pasar un semestre hablando de Julián Martel. Vamos a hacer un seminario sobre *La bolsa* de Julián Martel —nadie tiene ni la menor noticia de Julián Martel— y hacemos una lectura muy eficaz de la economía de los judíos que aparecen en la novela. Pero eso no tiene nada que ver con lo que la cultura de masas considera importante, actual, que debe ser estudiado en el presente. A mí me molestan los profesores que tratan de adaptar su enseñanza a lo que circula en la cultura de masas. Me molesta porque me parece que están haciendo una cosa que no es lo que hay que hacer. Pero esa es una opinión mía. A mí no me gustan los que les enseñan a los estudiantes lo que lo estudiantes ya leen por su lado ¿Para qué voy a dar un seminario sobre *Mafalda* cuando ellos ya leen *Mafalda*? Hay que darles un seminario sobre lo que ellos no leen. Esto puede resultar aristocrático. Yo me sentí muy cómodo en la academia norteamericana porque venía de una experiencia durísima en Buenos Aires con la cultura de masas, por llamarla así, con el periódico cultural, con los guiones de cine que había escrito, con toda una serie de chirimbolos. Cualquiera que se quiera ganar la vida en Argentina en el mundo cultural tiene que lidiar con la cultura de masas —no con ninguna otra cosa—, tiene que ver si lo que está vendiendo es lo que la cultura de masas dice que vale la pena vender, si no nadie te cree. La academia es uno de los últimos lugares donde es posible construir una discusión política, cultural, de cualquier registro, que no atiende al rumor que viene de la cultura de masas. Algunos sí lo atienden. Por eso la cultura de masas se enoja tanto con el mundo académico.

PMM: Pero Ricardo, ¿no te estás inventando una utopía, ahora mismo? ¿Dónde está esa universidad? Yo enseño aquí, en Princeton.

RP: ¿Y vos ves funcionar acá a la cultura de masas?

PMM: Absolutamente. Bueno, entiendo que estamos de alguna manera en una especie de trinchera. Pero hay un deseo colectivo que va en contra de los discursos demasiado alternativos.

PF: Además, bastante protegido en una universidad privada como Princeton. El escenario es otro en las universidades estatales.

PMM: Pero tampoco se está protegido en Princeton.

RP: Eso es interesante.

PMM: Los títulos de los cursos, por ejemplo: que lance la primera piedra quien no puso una palabra *fancy* en el título de su curso, una palabra que responda al supuesto "deseo" de los chicos. Incluso inconscientemente.

PF: Porque hay una economía interna de las facultades y los cursos, y el profesor tiene que atraer estudiantes.

PMM: Quizás podemos salir de la falsa oposición, aristocracia y democracia, pero la cuestión del número de alumnos que uno va a alcanzar es central.

PF: Ese es un problema más visible en Princeton que en las grandes universidades estatales, donde los números suelen ser otros. Muchas veces, en la universidad estatal no es necesario seducir con un título de mercado porque igual habrá demasiados estudiantes inscriptos. El número máximo de alumnos en un aula lo definen la oficina de seguridad o los bomberos.

RP: Igual es interesante lo que dice Pedro, porque el toque se daría ahí por la economía, no de la cualidad del saber, sino que desde arriba la administración dice "los fondos dependen de que ustedes tengan tantos *majors* o tantos estudiantes".

PF: Y eso tiene una dinámica en Princeton diferente a la de las universidades estatales, al menos en los cursos de español, por ahora. En francés o ruso, es otra historia.

RP: Eso habría que discutirlo con los colegas. Sobre eso habría que hacer un coloquio. ¿Cuáles son las exigencias que vienen de afuera de la propia dinámica? Porque yo no hablo de autonomía de la universidad, más allá de lo que significa eso en la tradición de la Reforma Universitaria [iniciada en Córdoba en 1918]. No me parece que la universidad invente sus temas desde la nada, que esté colgada en una higuera y que todo se le ocurra. Más bien lo contrario, me parece que hay más política, más discusión cultural sobre la diferencia sexual o sobre todas las cuestiones que ustedes quieran en las discusiones generales en la academia que en los medios, en donde esa discusión es siempre trivializada. No digo que la universidad esté de espaldas a los verdaderos problemas que se discuten. Esas serían mis dos cuestiones, pero eso no responde a la pregunta de Pedro y a lo que estamos discutiendo, que los nuevos medios estarían democratizando una experiencia que ha sido tradicionalmente una experiencia aristocrática, vamos a llamarla así, si pensamos en las viejas tradiciones de Julián Sorel, esa vieja tradición bellísima que nosotros nos perdimos, de lo tipos que iban de instructores, de preceptores, y se quedaban en las familias.

FR: Tal vez lo que se puede pensar y articular colectivamente no sea una forma de elitismo sino de singularidad, o lo que hace un rato llamábamos *estilo*: un ritmo de pensamiento, un ritmo de escritura, un modo de desear, que es un modo de relación y un *eros* específico relacionado con el saber.

RP: Y esa singularidad, decís vos, ¿también se podría encontrar en la cultura de masas, en las nuevas tecnologías? En eso estoy de acuerdo. Es decir, que esa singularidad no es exclusiva, es distinta, quizá, como singularidad.

9. Industria cultural

FR: Ricardo, hace poco, reeditaron en España tu obra, acompañada de entrevistas, circulación de imágenes y publicidad, de acuerdo a las pautas de circulación y venta del libro propias del mercado editorial. ¿Cómo es tu relación con estas nuevas condiciones, tan alejada de la imagen de escritor de los años 70 y 80?

RP: Ahí otra vez tengo dos respuestas. Una tiene que ver con una experiencia absolutamente autobiográfica. Yo me vine a Estados Unidos a enseñar y establecí una conexión con Anagrama cuando se produjo el escándalo en torno al Premio Planeta [por *Plata quemada* en 1997], porque ahí yo me dí cuenta de que había algo que no funcionaba como yo me imaginaba, más allá de lo que cada cual piense del derecho, pero yo hablo de lo que me pasó a mí. Ahí fue donde establecí la conexión con Herralde y con Anagrama, y ahí una cuestión que me parece importante: que las grandes multinacionales que editan el libro en castellano balcanizan el mercado. El único editor que publica en Barcelona, que publica autores argentinos, mexicanos, chilenos o peruanos y los hace circular por toda América Latina y por España, es Anagrama. Porque los otros grandes grupos, Planeta, Alfaguara, Random House Mondadori, balcanizan el mercado. Publican a un buen escritor ecuatoriano que solamente circula en Ecuador. Por ejemplo, a Saer, Planeta no lo publicaba en España. ¿Por qué lo hacen? Porque quieren ganar el mercado de circulación de los libros escolares, que son mercados nacionales, y ponen a los escritores en una vidriera elegante y sofisticada y dicen "nosotros venimos acá a editar a los escritores". Pero no vienen a eso. Ponen a los escritores en la vidriera y por debajo liquidan a todas las viejas editoriales que en cualquier país de Latinoamérica manejaban los mercados de la educación.

PF: ¿Planeta hizo eso?

RP: Por supuesto, Planeta, Santillana, no sé los nombres técnicos de las casas que publican los libros pedagógicos.

PF: Lo que hacía antes Kapelusz.

RP: Kapelusz o Estrada, todas desaparecieron. Nadie dice esto. Todos hablan de la gran industria y yo digo: "muy bien, vamos a ver cómo funciona". No funciona porque le da plata publicar, digamos, a Sergio Chejfec en Alfaguara. No es Sergio Chejfec el que sostiene la industria editorial. Chejfec aparece ahí, como todos nosotros, en aquel tiempo, cuando yo estaba con ellos, como el emblema de una política cultural que esconde una política pirata de usurpación de los mercados nacionales. Porque ellos no pueden hacer directamente libros para las escuelas latinoamericanas, porque la enseñanza, por ahora, es una enseñanza que no está localizada en el mercado. La única editorial que tiene una política por la cual sus escritores circulan por toda América Latina, lo que tendría que ser normal, lo más lógico, es Anagrama. Herralde es el único editor que no está en una corporación, y ya sabemos que las corporaciones son al mismo tiempo dueños de aviones y de máquinas de cortar pasto, qué se yo. A mí me parece que si un escritor escribe en castellano tendría que ser leído en toda el área. Además, hay procedimientos de construcción de escritores de toda el área, que es otro tema. Hay —no sé— quince escritores que publican en esas grandes multinacionales que cuando sacan un libro sale y circula por todos lados. Pero después los escritores están atados a su mercado local, y no pueden conseguir que los mismos editores que tienen casa matriz en Barcelona los publiquen en México. Por otro lado, ¿cómo me siento con esto de hacer de escritor? Pues, me siento incómodo. Porque, desde luego, los escritores tenemos que estar más presentes de lo que a mí me interesa. Y sobre eso tengo una política, en lo posible, personal. Yo digo en broma, mi relación con el mercado es estar ausente. Hace trece años que no publico una novela. Y no publico una novela hace trece años por muchos motivos, pero también porque los editores me están diciendo que la publique. No porque yo sea un best-seller, sino porque ellos siempre quieren que uno publique una novela. Mi estrategia de resistencia a esa circulación acelerada de la figurita de los escritores es que no aparezco como escritor durante años. Me borro, me voy, me vine para acá.

PF: Hay una velocidad del mercado a la que tú te resistes, pero que afecta tu propia producción.

RP: No, no la afecta, la mejora diría yo. ¿Por qué tengo yo que obedecer a una lógica que dice que si no publicás una novela por año no estás presente? Me dicen, te van a olvidar. Mejor, que me olviden. ¿Para qué quiero que me recuerden como una especie de sello que cada vez que sale una novela mía ya saben lo que es? Esa idea de que si uno no publica es olvidado, es lo que hace que los escritores corran detrás de los periodistas, corran detrás de una publicación continua de sus novelas. Después está mi experiencia con todos los editores que tuve. El único editor que se parece a Herralde fue Jorge Álvarez. Porque a Jorge Álvarez yo le llevé unos cuentos y me dijo, "te los voy a publicar y te voy a dar trabajo, porque me gustaría que tuvieras tiempo libre para poder escribir". Entonces yo le dije "hagamos la colección policial", y la hicimos. Eso es un editor para mí. Pero esos editores no se encuentran más. Herralde tiene —no lo voy a considerar la perfección total— lo más parecido a alguien que se da cuenta de que todos los escritores no son iguales.

PM: En el caso de Brasil, donde tú tienes una circulación bastante buena, hubo en algún momento un cambio, cuando te fuiste de Iluminuras a Companhia das Letras. ¿Cómo ves todo eso en el cuadro que estamos discutiendo?

RP: Bueno, desde luego, estoy muy agradecido a Samuel León, que era un amigo que fue el primero en publicar un texto mío en Brasil. Y siempre tuve una circulación que yo la agradecí, sobretodo la agradecí porque la comparaba con el modo en que los libros míos eran recibidos en Buenos Aires. Siempre tuve la sensación de que en Brasil la discusión era más específica. Y tenía que ver más con las cuestiones ligadas a lo que uno estaba haciendo, y no a las cuestiones a las que la literatura en Argentina siempre aparece conectada. "¿Qué pensás del peronismo?" era la pregunta que te hacían una vez que publicabas una novela. En Brasil me pareció siempre que fue mejor. Quizá es la experiencia que tiene un escritor extranjero que llega en paracaídas y publica. Después, estoy muy contento con Luiz Schwarcz que es un editor a quien yo respeto. Pero los editores y los escritores tenemos un conflicto objetivo. No estoy aquí exaltando a los editores. Yo digo siempre, el que firma un contrato está en una posición débil. Y nosotros nos pasamos la vida firmando contratos. Deleuze tiene una frase lindísima, dice: "el sádico crea instituciones y el masoquista hace contratos". Y es verdad. El contrato siempre tiene algo masoquista, siempre te van a joder, porque vos tienes que firmar el contrato y el otro tiene todas las barajas de su lado. Por eso yo veo con mucha simpatía cómo los chicos se escapan de eso. En el sentido de que imaginan que el Internet les va a permitir zafarse de esa relación.

PF: Y hasta cierto punto, en términos de hacerse leer, es posible.

RP: Es posible. Para eso tendrían que tener una concepción que yo no la veo funcionando, o sólo la veo en la gente mejor. Por ejemplo, los escritores jóvenes que están publicando en las grandes editoriales, publican una novela e inmediatamente se sienten fracasados porque no vendieron diez mil ejemplares. Tienen una resistencia al fracaso microscópica. A diferencia de Onetti, que se pasó la vida escribiendo y nadie le daba pelota, o Saer.

PF: O Ribeyro, en el caso peruano.

RP: Claro, tipos que se pasaron la vida escribiendo cosas extraordinarias y la gente se dio cuenta de eso muchas veces cuando se habían muerto y otra cuando estaban por morirse. Bueno, me salió una respuesta un poco trotskista...

FR: ¿Y qué ocurre con el mercado académico? Porque tampoco podríamos pensar que las condiciones de producción académica, sobre todo en los Estados Unidos, son ajenas a la lógica del mercado.

RP: El mercado académico tiene una lógica que no se superpone de un modo directo con lo que yo percibo en los mercados culturales. Pero ese es otro tema. Me parece que el mercado académico, por lo menos en la zona de la difusión de las teorías y por lo tanto de los autores de moda, depende del circuito de los estudiantes graduados. Se trata de que cada generación de estudiantes graduados vaya con una teoría nueva al mercado, porque la teoría anterior ya la tiene la generación que consiguió trabajo. Ya no podés conseguir trabajo con el estructuralismo hoy, por más que seas un gran estructuralista no conseguís trabajo ni loco. Ya no conseguís trabajo ni con la deconstrucción ni con el posestructuralismo. Todos se adaptan y creen que inventan la renovación teórica, eso es lo que me divierte. Mis propios colegas creen que inventan algo cuando dicen, "ahora lo que tenemos que hacer es antropología". Claro, porque es la moda actual, para que los estudiantes que vayan al mercado de trabajo digan "nosotros trabajamos los textos pero también estudiamos las vías y la temperatura en los lugares donde suceden las novelas". Y me parece que la dependencia del mercado académico es una dependencia particular.

PF: Pero con relaciones con la cultura de masas, obviamente.

RP: Puede ser, no sé lo que piensan ustedes; pero me parece que la cultura de masas recibe esa novedad y la difunde. Es decir que la cultura de masas en su momento lo tomó a Lévi-Strauss y lo puso ahí y le hizo una entrevista en la revista *Primera plana*, me acuerdo. Y luego vino Derrida y Foucault, y así podemos pensar en otras figuras. La cultura de masas está recibiendo esa relación que se genera en la academia.

10. Volver

PF: Ricardo, ahora que falta poco para que regreses a Argentina, toda esta conversación que tenemos aquí —un brasileño, un peruano, dos argentinos—, ¿va a cambiar porque serás otra vez un "escritor nacional"? ¿Regresar a Argentina presupone volver a insertarte en viejas redes? ¿Tendrás que opinar sobre el peronismo?

RP: Eso es lo más que me preocupa y hace que el traslado no sea neutral. Uno tiene algo que es lo que añora, que es una red de amistad y de relaciones con gente a la que uno conoce hace cuarenta años que más o menos piensa como uno en el sentido general. No es que estemos de acuerdo en todo. Te puedo decir quiénes: Jacoby, Germán García, Gandini, en su momento era Saer, la gente de la propia generación con los que uno tiene conversaciones y discusiones. Y una cosa importantísima de la experiencia de la enseñanza —es algo que ya he mencionado— es que uno envejece pero siempre está hablando con los jóvenes, es decir, que uno va envejeciendo y los jóvenes siempre tienen la misma edad, y tienen siempre problemáticas que son interesantísimas. Me parece que eso también es algo que uno tiene que conquistar.

PF: ¿Y vas a mantener un espacio de enseñanza en Argentina?

RP: Voy a ver de qué manera puedo también establecer una relación que me ponga en conexión con los alumnos. Tengo, desde luego, muchas relaciones en ese plano. Esa es una cuestión. La otra es, no sé como llamarla, no quiero decir mantenerse aparte, porque no sería mantenerse aparte... Ahora estoy imaginando la siguiente situación. Tengo propuestas de hacer algo en los periódicos. Nunca he colaborado sistemáticamente con los periódicos, salvo en la época en que escribí una columna en *Fierro*, la revista de cómics. Yo lo que les propongo es publicar páginas de mi diario. ¿Qué supone eso desde mi perspectiva? Supone que yo no entro en paz. Esto tampoco lo podemos decir en voz alta. Supone que lo que yo llevo a los periódicos sea lo que yo quiero y no lo que ellos me digan. Trataré de que sea lo suficientemente interesante, y contaré algún secreto de mi vida... Lo que ahora tengo en la cabeza es ver si se puede lograr esa cuestión.

PMM: Esa es siempre la función de un escritor delante del periódico: engañar a los periodistas.

PF: Y de los editores del periódico, pretender dejarse engañar por el escritor.

RP: También, claro. Hay una euforia, digamos, al principio, para que firmes el contrato, y después que firmás te dicen, "no, mirá, está muy bien lo que estás haciendo, pero ¿qué piensas de la muerte de Kirchner?"

PMM: Y ahí te descubres masoquista porque firmaste el contrato.

RP: No, no. Hay que ver cómo negociás ese asunto, ¿cómo hacés para no responder a esa demanda?

PMM: Me encanta la pregunta: "¿cómo hacer para no responder a la demanda?"

PF: Es como el modelo de los cuentos de Quiroga. ¿Cómo negociaba con su editor? ¿Qué tanto determinaron su literatura las imposiciones del periódico?

RP: Bueno, él se quejaba de eso; pero tenía libertad. El había llegado a tener un lugar importante. Ahora, yo tengo la hipótesis, que también la hemos hablado, de que él se fue a Misiones para renovar su posibilidad de seguir escribiendo, no sólo para retirarse. Sino para buscar nuevos temas que interesaran a los periódicos porque ya no podía seguir escribiendo cuentos de terror. Entonces empezó a escribir sobre experiencias que los lectores no conocían.

PMM: ¿Cuál es tu Misiones?

RP: ¡Luchar por el socialismo!

PF: ¿Y empezarías a publicar tu diario?

RP: No, seleccionaría. Le daría una forma de diario para conseguir cierta distancia. Pero serían como notas fechadas donde también reflexionaría sobre cuestiones políticas y culturales. Si yo logro escribirlo de la manera que me lo imagino, sería una forma de intervenir como me parece a mí que un escritor puede intervenir. No hacer de periodista, que es lo que creo que los escritores están haciendo.

PMM: Yo insisto en la idea de la resistencia posible dentro de esos marcos. Les cuento —mi lado autobiográfico— que cuando yo hablaba con la editora de ese cuaderno de la *Folha de S. Paulo* donde me invitaron a colaborar...

RP: ¿Estás colaborando regularmente?

PM: Irregularmente, pero la idea es hacerlo periódicamente. Claro que es una agenda que ellos me dan. Me envían los libros y me piden que haga las reseñas en un espacio locamente corto. La editora me decía, después de que conversamos bastante, "qué bueno que estés con ganas de hacerlo, porque es muy difícil de convencer a los académicos". De hecho es difícil, sobre todo después de la última reforma gráfica de la *Folha*, que está muy lleno de aire, de espacio, con muy poco texto y mucha publicidad. Y yo le decía: "bueno, los académicos somos siempre difíciles, en relación a esta cuestión del tiempo y del espacio". Al mismo tiempo, me doy cuenta del ejercicio absolutamente fascinante que es responder a tiempos y a temas que no son tuyos, lo que te destruye una suerte de fantasía de la autonomía de tu espacio.

RP: Entiendo perfectamente. Uno tiene algo propio, que es un fetiche. Pero me refiero tanto a que uno tiene algo propio que hay que conservar. Cuando digo "no responder a esa demanda", quiero decir que la demanda que viene de los medios, por lo menos en Argentina y en mi caso, es una demanda anti intelectual y completamente trivial. Donde lo único que te piden es que digas cosas triviales sobre cuestiones que todo el mundo está comentando en ese momento. Ni siquiera podés decir cosas triviales sobre las que nadie habla, eso es lo peor. Debes hacerlo sobre las trivialidades que todos repiten. Es un poco siniestro.

PF: No se trata, obviamente, de un problema del periodismo en sí, porque tú tienes una relación muy cercana en tu ficción con la figura del periodista.

RP: Claro, yo respeto muchísimo el periodismo. Me parece que ahora está en un momento muy dramático porque todo esto que estamos hablando aquí los periodistas lo están trabajando muchísimo, porque saben que los diarios están en crisis. Se está produciendo un fenómeno absolutamente extraordinario, no solo de acceso a la información sino de construcción de información por el lado de los particulares. Los periodistas están cada vez más en lo que yo creo que es, un poco, el sistema dominante, que es la política del escándalo. Creo que la política del escándalo es la política actual. No solo es la política cultural actual, o la política de los espectáculos, sino que la política en general está trabajando con esa idea de llamar la atención.

PF: Si me permiten hacer una suerte de desvío a lo que pasó en Chile después de que entró el presidente Piñera, con el accidente de los mineros en Atacama. Me comentaban que era increíble lo que había hecho mediáticamente Piñera con el rescate de los mineros. Parece que había ya un guión preparado semanas antes. Toda esa gran inversión que puso Piñera estaba dirigida a la escena mediática del rescate, que fue un discurso oficial. Aunque las tecnologías sean nuevas, es una manera muy vieja de hacer política.

RP: Muy dominante, es decir, de lo más hegemónico. Por eso en Argentina, aunque yo tengo mucha simpatía por el gobierno de los Kirchner, sin embargo me molesta un poco que ellos repitan la lógica del antagonista de la oposición. La oposición acusa a un funcionario de gobierno de cualquier escándalo posible y ellos contestan acusando a alguien de la oposición del mismo tipo de escándalo. Y entonces estamos en un sistema que no logra cambiar esa dinámica.

11. El Estado

FR: Ricardo, en los años ochenta la tensión y la distancia de la práctica literaria se jugaba en relación con el poder estatal. Pero pareciera que a la luz de transformaciones del poder y de los modos de dominación y de control, la realidad económica y cultural de los medios y las nuevas tecnologías obligan a reformular el campo de conflictos en los que interviene el escritor. Si había un relato del Estado, ¿hay también un relato de los medios respecto del cual la literatura funcione como contrarrelato o contrapoder?

RP: En esos años yo trabajaba con una noción, que en algún sentido sostengo, del poder como poder estatal. Nosotros discutíamos mucho a Foucault en la época de la dictadura. Me acuerdo de las conversaciones, porque nosotros decíamos: ¿cómo éste nos está hablando de poder no estatal si acá estábamos sufriendo de un poder estatal terrible? Uno podría decir que toda nuestra experiencia política desde 1955, cuando yo empiezo a ver qué está pasando con la revolución contra Perón en el 55, que afectó a mi padre, desde ese momento hasta la crisis del 2001, con pequeñas interrupciones muy breves, esa idea de que el Estado está construyendo políticas de destrucción era una experiencia muy visible y personal. Pero me parece que ahora eso cambió, sí, estoy de acuerdo. Estoy tratando de buscar una respuesta porque estoy pensando la situación y viendo si es posible encontrarle otra vuelta. Porque también uno podría decir que es una manera de leer la literatura argentina que también ha cambiado. En el sentido de que ya no se puede leer la literatura argentina como se la leía antes, como funcional al Estado, cuando se la critica porque forma parte de la construcción de la hegemonía y la construcción de los ciudadanos. A mí me impresionó mucho darme cuenta de que en 1960 Borges escribió una "Oda a la Patria", desde luego se publicó en algún lugar por ahí. Hizo el gesto de Lugones, que escribió la "Oda a los ganados y las mieses" cuando se produjo el centenario de la Revolución de Mayo. En los 150 años de la revolución, Borges escribió su poema a la patria como si fuera el patio de su casa. Resulta imposible imaginar que ahora, en el Segundo Centenario, se le ocurriera a alguien pedirle a Gelman o a Lamborghini, si estuvieran vivos, que escriba un poema a la patria. O a Arturo Carrera, imaginate: "Los niños de la patria".

FR: En este sentido, *Plata quemada* en los 90 o *Blanco nocturno* en 2010, marcan un cambio de ese eje. En las dos novelas el dinero y la economía de mercado son el eje del conflicto y el horizonte de antagonismos.

RP: No de una manera deliberada. Pero es cierto que *La ciudad ausente* es una novela que está hecha con esa hipótesis, de la existencia de un lugar donde se narran historias que el Estado trata de borrar. También eso está en la ciencia ficción. En la que a mí me gusta, la de Philip Dick o de Ballard está mucho eso.

PF: Pero *Blanco nocturno* se trata de otro escenario, deliberadamente distante del Estado.

RP: Puede ser, sí. Yo no puedo tampoco decirlo directamente; más bien lo puedo pensar en otros. Es decir, yo puedo ver la dinámica que pueden producir otros escritores que me interesan en relación a cómo están trabajando la política. Y estoy muy atento a eso.

12. Las tres vanguardias

PF: ¿Qué escritores te interesan especialmente en su relación con la política?

RP: Bueno, yo he enseñado durante mucho tiempo a Saer, Puig y Walsh, viéndolos como poéticas distintas, diferenciadas en su relación a la cultura de masas. Saer construye una poética de antagonismo directo. La literatura es una lengua lo suficientemente hermética para no ser cooptada por el discurso trivial de la cultura de masas. Después estaría Puig, quien es el gran renovador en ese punto, que negocia con la cultura de masas como forma. Porque las novelas de Puig son muy experimentales, no es que él escribe novelas de masas, él trabaja los discursos de masas. Y Walsh, que me parece muy actual, que actúa sobre los medios de masas, inventa periódicos. Walsh estaba en contra del objeto libro. Había dejado atrás el objeto libro, la idea de que un escritor tiene que escribir libros. No creía en eso, yo hablé mucho con él. Consideraba que el mundo de los libros era un mundo donde estaba toda la retórica de la pequeña burguesía intelectual y todo el camandulaje ese que él detestaba y que nosotros llamaríamos la figura del autor. Entonces empezó a publicar sus libros en los periódicos de la CGT, empezó a publicar sus libros fragmentados, y terminó inventando formas nuevas de hacer periodismo, no por el contenido, sino por medios nuevos. Creo que eso es muy actual.

PMM: Es interesante porque propones una especie de tipología.

RP: Y son tres poéticas muy fuertes, que están en cualquier lugar.

PMM: En esa tipología, el escritor está cada vez más cerca del enemigo. Empieza con Saer y va acercándose. Y yo te pregunto ¿cuál es el cuarto?

RP: Yo no me podría colocar ahí.

PMM: No necesariamente, pero tipológicamente.

RP: Yo puedo colocar a otros ahí. Podría colocar a Monsiváis ahí. Y a Elizondo en el lugar de Saer.

PF: ¿A Monsiváis en el lugar de Puig?

RP: En el lugar de Puig, o tal vez en el lugar de Walsh, porque también él actuaba en el interior de los medios con una poética propia. Me parece que son poéticas desde las que uno podría pensar, por ejemplo, en Peter Handke o Alexander Kluge, no sé, no estoy tan al día. Son posiciones que uno podría reconstruir. Yo di ese seminario sobre las tres vanguardias por primera vez en 1990, así como te lo digo, con esas hipótesis. Quiero decir que ya en ese momento me quería zafar de la idea de que la literatura debía estar en relación de tensión con el Estado. Y hoy a veces tengo la sensación de que ya no existe más la cultura de masas, ahora hay otra cosa que no sé cómo llamarla.

PF: Eso trastornaría completamente la tipología y tu mismo ejercicio crítico.

RP: Y todas nuestras hipótesis. Me parece que la aparición de la posibilidad de que los sujetos intervengan en la información liquida la idea de que la cultura de masas es algo que se produce por un lado, y que la gente la recibe en otro lugar pasivamente. Los nuevos medios están generando una dinámica que ya no se puede llamar cultura de masas, en el sentido de que haya un centro que produzca cultura dedicada a unos consumidores de televisión, por ejemplo. Ahora la gente roba las películas, trae películas, arma sus películas. Eso ya no lo podría pensar. Pero me parece que hay algo de eso que tenemos que empezar a pensar.

PF: En la secuencia de las tres vanguardias, Walsh parecía el más moderno, alguien que podría estar hoy interviniendo desde Internet, publicando blogs.

RP: Pienso ahora en Wikileaks. Walsh era un antecedente de Wikileaks cuando él hizo el sistema de circulación de noticias en la época de la dictadura. Encontraba información que los medios desconocían y se la enviaba a los medios. Porque él creaba la cadena, con una idea de intervención que ya estaba en Jacoby, y entonces les mandaba las noticias a los escritores de redacción. Los ponía en problemas a los tipos, porque recibían lo que estaba pasando de verdad.

PF: En una entrevista reciente, Assange, el fundador de Wikileaks, dice unas cosas que son casi inverosímiles. Viene de una familia de teatro y televisión en Australia y se pasó la infancia desplazándose en giras. Actualmente debe ser la persona que ha leído más documentos secretos. Su nivel de exposición a información clasificada no tiene comparación. Y de esa experiencia de lector, de esa exposición constante a miles de documentos, ha sacado una visión tan negra e informada del mundo que me deja perplejo. Él cree que la sociedad civil ha muerto, derrotada por los flujos y movimientos electrónicos del capital.

RP: A mí eso me parece un hecho extraordinario. Porque son veinte chicos anarquistas con un gran dominio de la tecnología y que están creando muchos problemas. Ellos mismos dicen que hay una oficina del FBI dedicada a perseguirlos.

PMM: Lo que significa que están en el camino correcto.

RP: Yo creo. Me parece que ahí hay algo nuevo.

PF: Sin embargo, no hay aquí una producción propia de textos. Su intervención consiste en difundir, seleccionar y editar los documentos que reciben.

RP: Me imagino que eso va generar, o está generando un circuito de gente que en Brasil, en Argentina, en Pakistán, en donde sea que tienen información, se la envían.

PF: Eso es lo que está pasando ahora todos los días.

RP: Ellos están llamando a los periodistas, o a la gente que está interesada en estas cosas, a los estudiantes de periodismo, que hay miles en todo el mundo, a intervenir en esos nuevos medios. Son signos muy prometedores, como me parece muy prometedor todo el sistema de apropiación de la cultura. Mi hermano me decía, cualquier película que quieras yo te la consigo. Y yo como un tarado voy al videoclub y le digo, "¿no me puede conseguir esta película?". Como que estoy en el pasado. El tipo éste baja lo que se le da la gana de la red. Es decir, que uno se hace su cinemateca.

PMM: Pero ahí estamos, con todo eso, el Wikileaks, etc., en el ámbito de una resistencia sistémica o contra-ideológica, aunque no sepamos ya cómo llamarle al enemigo. Pero estamos hablando de un circuito de resistencia muy ágil y muy rápido. Vuelvo a la posibilidad de ser una especie de contra espía, como intelectual, como escritor, dentro del sistema. Porque la idea es que uno empieza a colonizar áreas del sistema con velocidades otras. Mi cuestión es cómo salir del Ricardo Piglia de los ochenta, cuando era un poco más fácil reconocer al enemigo e imaginar una sociedad alternativa en las orillas, mientras que ahora tienes que trabajar con las "orillas" dentro de otro marco.

PF: Es decir, la literatura como interrupción, volviendo al principio de nuestra conversación.

RP: En Estados Unidos las cosas suceden cinco años antes que en Argentina u otros países. Acá percibí por primera vez lo que supone la capacidad que tiene el sistema de incorporar a gente muy antagónica. Me dí cuenta que uno de los mecanismos más extraordinarios era que todos los Panteras Negras que habían sobrevivido estaban en la televisión, que era parte del problema. Y eso está pasando con la nueva generación, con amigos míos desde Fermín en adelante, que se manejan en ese mundo con una dinámica que no era la dinámica nuestra. Nosotros considerábamos que la televisión era parte del problema, y teníamos una actitud que no era nada dinámica respecto a qué se podía hacer dentro de eso. Mientras que yo veo, por ejemplo, a Fernanda Laguna, que es una chica que creó Belleza y felicidad, amiga de Jacoby, un ámbito extraordinariamente alternativo, que escribe unos textos lindísimos y ahora está creando una escuela de arte en una villa, y está en la tele todo el tiempo. Si la llaman de la tele va y si la llaman de donde sea, va. No tiene ningún problema. No se le ocurre siquiera pensar que hay una contradicción entre tener que hacer una cosa totalmente *under* en un lado, y después aparecer en un programa cualquiera. Si la llama Susana Jiménez, va a conversar con Susana Jiménez, estoy seguro. Y como es genial, seguro que sale perfecta de la entrevista. Ahí veo algo nuevo.

PMM: Es increíble la fuerza que tiene la culpa de la izquierda...

RP: Puede ser.

PMM: Yo me acuerdo de mis maestros de Sociología, y hoy veo claramente cuál era la culpa que sentían al estar cerca de entregarse al enemigo... Ni hablar entonces del placer de estar en el sistema, de tener éxito, por ejemplo. Hay una cuestión importante ahí que es el éxito y la proyección de uno como intelectual, como escritor.

RP: En estos días hemos estado viendo muy apasionadamente con Beba la película de Kluge sobre *El capital* [*News from Ideological Antiquity*, 2008]. Dura nueve horas. Es extraordinaria. Discute con jóvenes filósofos alemanes que son inteligentísimos. Vuelvo a caer en el odio que me producía Heidegger cuando decía que la filosofía era alemana, pero vos escuchás a esos pibes y son extraordinarios. ¿No será que tenía razón? Lo que están pensando esos jóvenes ahora es cómo se dejó de lado la reflexión de Marx sobre el carácter productivo del capitalismo. El capitalismo destruye, pero también produce cosas. Tiene una dinámica de producción de sentidos y producción de formas a la que hay que estar atentos. Estas nuevas figuras están más atentas a la posibilidad de producción que tienen esos medios que al costado de reproducción pura de la ideología dada. También en aquella época yo, por supuesto, me reía de ellos, te lo aseguro, de Mattelart y *Para leer el Pato Donald*. Me parecía tan ridículo agarrarse del Pato Donald. En aquel momento la cultura de masas era la cultura norteamericana. Era la cultura extranjera respecto a la cultura nacional. Creo que eso se terminó. Por suerte yo hablo demasiado rápido y eso nos ayuda a mantener el tema de la velocidad como un elemento de la conversación.

FR: Pareciera que la oposición entre cultura letrada y cultura de masas ha dejado de ser productiva. Las condiciones cambiaron, y la experimentación supone producir otro tipo de conflictos.

RP: La idea de la vanguardia —para decirlo así— de que la cultura alta cambia gracias a la cultura de masas, que no cambia por su propia dinámica sino porque está presionada por la cultura de masas, es una idea muy productiva. En el momento que nosotros empezamos a publicar y a trabajar eso ya lo empezábamos a percibir. En la medida en que hacíamos colecciones policiales o hacíamos revistas, porque la revista nos permitía intervenir más directamente en el presente. Porque pensábamos que los libros tenían una dinámica que no permitía la intervención como las revistas, que nos mantenían más activos en la discusión general. Yo estuve en revistas desde 1963 hasta 1983, cuando me fui de *Punto de vista*, es decir, que son veinte años de experiencia haciendo revistas, que es otra cosa que también *c'est fini*, como se dice. No digo que no se tenga que hacer revistas, sino que es una etapa.

PF: Ahora se hacen por Internet.

FR: Las revistas electrónicas de los estudiantes, en varias universidades, tienen ya varios años y hay algunas que son muy consistentes en la construcción de una voz, un sistema de valores y una tradición que no se parecen en nada a los de la generación en la que me formé. Hay algo allí, nuevos tonos, nuevos registros, parodias del campo académico, relecturas de la tradición, que las vuelve muy interesantes y deseables.

PF: Entonces, hay esperanza...

RP: Sí, pero no para nosotros.

PF: Este es un final divertido, duro y kafkiano.

PMM: Mira, yo propongo que abramos una botella de vino...

RP: ¡Muy bien! ¡Y salud, Fermín!

4. "EN SANTA MARÍA NADA PASABA":

Sobre Juan Carlos Onetti

Conversación de Edgardo Dieleke en la biblioteca de la Universidad de Princeton, diciembre de 2008.

Edgardo Dieleke: ¿Cuáles serían las claves del estilo de Onetti, y que rescatás de sus operaciones formales?

Ricardo Piglia: Onetti es esa clase de escritor que busca un tono y cuando lo encuentra lo mantiene durante toda su obra y le define los argumentos. No lo encuentra en seguida. Aunque uno podría decir que en *El pozo* están ya concentrados todos los temas que luego va a expandir. Después hay un par de libros que están muy bien, como *Tierra de nadie* o *Para esta noche*, pero es con los libros posteriores que empieza a encontrar su propia forma. En el cuento "Esbjerg, en la costa" de 1946, ya están el tono y el clima. Y desde luego en principio es una lectura de Faulkner. La perspectiva estilística se basa en un narrador que cuenta acontecimientos que están muy distanciados. En general, nunca narra los hechos mientras suceden. Los hechos ya han sucedido o están contados con muchos filtros y por tanto las posibilidades que tiene la prosa de construir los climas en los que sucede la situación es siempre fundamental para la historia misma. De modo que la historia está como sumergida y hay capas diversas de narradores que la van contando y también capas lingüísticas. Ahí uno podría hacer un trabajo sobre los pronombres, el uso de los adverbios, los adjetivos que se repiten. Como si nunca pudiera capturarse del todo la imagen o el acontecimiento. Los adjetivos no avanzan en la dirección de aclarar lo que estamos leyendo sino de sumarle capas de significación. Por lo tanto es un estilo único y que uno inmediatamente identifica. Y que está en el caso de él muy conectado con un universo que narrativa y temáticamente tiende a ser un universo cerrado. Las historias parecen suceder siempre en la cama o en un cuarto, donde la gente no sale. Eso es lo que él quiere contar. El ámbito de las historias está conectado con la ilusión de un encierro y las historias se mueven de ese modo. De manera que hay una continuidad estilística, una serie de personajes que se repiten, hay una localización después de que él construye Santa María, y allí dentro hay espacios básicos como el bar del hotel o el consultorio de Díaz Grey, que funcionan más bien como momentos del argumento: la espacialización como función del argumento. Y, en ese mismo sentido, el clima, la niebla, la lluvia, los días nublados.

Desde luego, cada uno tiene sus libros preferidos. A mí me gustan mucho las novelas, muchísimo *La vida breve* y *El astillero*, pero me parece que su punto más alto son las novelas cortas. Porque la forma está muy hecha para él y encuentra un modo muy particular de resolverla, y le pone un límite a esa expansión que por momentos repite demasiado el universo onettiano. *Los adioses, Para una tumba sin nombre, La cara de la desgracia* tienen esa característica de control, o más bien de límite. La historia se expande hasta cierto momento. Es un gran escritor de novelas cortas. Por otro lado, como sabemos, nunca quiso intervenir en la discusión sobre literatura sino de una manera tangencial, nunca quiso explicar nada, pero uno ve una conciencia de la forma muy sofisticada. Por la manera en que circulan los narradores, porque la historia nunca se termina de contar de un modo nítido, y eso en las novelas cortas tiene un efecto fundamental. La *nouvelle* es un cuento contado muchas veces, el mismo cuento contado muchas veces, digamos mejor. Se organiza sobre un núcleo que nunca se explica, que habitualmente es un secreto que hay en el texto y que sirve para atar las historias, porque si se abriera, habría que escribir una novela. En un sentido permite contar historias con muchas derivaciones pero que están atadas alrededor de un nudo enigmático que es lo que permite unificar redes e historias múltiples. Por ejemplo, en *Los adioses* esas dos mujeres que van al pueblo, y ese basquetbolista, ahí hay como tres historias que se superponen y reaparecen. Eso Onetti lo hace muy bien.

ED: ¿Cómo llegás a Onetti?

RP: Habría que decir que siempre una generación es también una contraseña de los textos que circulan en un momento determinado, sobre todo cuando uno empieza. Recuerdo con exactitud una situación y eso para mí siempre es un signo de que me ha pasado algo con ese libro. Es cuando recuerdo algo que acompaña la lectura. Entonces me acuerdo muy bien de esa escena, casi como una fotografía: me veo a mí mismo en una librería en Mar del Plata, que se llama Erasmo, que todavía está en la calle San Martín, y de un estante saco *Los adioses*, la edición con la tapa amarilla de *Sur*. Sería en el año 58 o 59. Quién me había hablado de la novela... andá a saber. Quizás a través de la revista *Marcha*, que leíamos entonces. Nunca se sabe exactamente cómo uno llega a los libros. Pero a partir del momento en que empecé a leer a Onetti, desde luego, quise leerlo todo. Y lo mismo le pasaba a otros escritores amigos como Miguel Briante o Juan José Saer, que leíamos muchísimo a Onetti. Y lo leíamos, esto lo dije muchas veces, como el cruce entre Arlt y Borges, que era una tensión que vivíamos de muchas maneras. Éramos una generación que a diferencia de otras ya no tenía problemas con Borges y que teníamos con Arlt una relación mucho menos programática. A diferencia de lo que había sucedido con la gente de la revista *Contorno*, que no lo leyeron bien, que lo habían leído como una especie de escritor realista en el sentido más directo. Pero veíamos en Onetti la tensión entre esas dos poéticas. La poética de Arlt conectada con el mundo del delito, de los bajos fondos, de la ciudad; y del otro lado, cierto registro estilístico y la tematización de la ficción.

Onetti desde luego ha leído muy bien a los dos y es un camino de cruce. Entonces nos interesaba lo que hacía, el camino que abría y que a la vez era muy peligroso. Hay que tener mucho cuidado con Onetti porque su estilo se contagió de inmediato. Porque claro, los grandes escritores tienen un tono que convierte cada historia en algo distinto, según ese tono. Si vos le ponés ese tono a una historia que querés escribir, por ejemplo, sobre dos amigos que se encuentran aquí en esta biblioteca... Imaginate lo que haría Onetti con eso: *en aquellos tiempos, nosotros, ilusos, nos encontrábamos en esa vieja biblioteca...* El tono construye la historia. Mucha gente se ha quedado pegada con ese tono y eso es un problema. En mi caso creo que hay signos onettianos en algunos relatos de *La invasión*. Luego, mucho después, lo conocí. Lo vi varias veces e hice con él una edición de *La novia robada*.

ED: ¿Cómo fue ese encuentro?

RP: Yo tuve un diálogo con él cuando llega a Buenos Aires, sería el año 70, creo, Onetti era jurado de un concurso literario, y lo vi en casa de María Rosa Oliver. En esa época yo era amigo de José Bianco y me dijo que iba a estar Onetti y me invitó. Ahí fue donde le propuse a Onetti editar *La novia robada* como libro en una colección que yo hacía en aquel tiempo. Le dije que me gustaba mucho el cuento, me lo sabía de memoria en realidad... "En Santa María nada pasaba"... Le dije que me gustaría que circulara en otro contexto, porque él lo había publicado en una revista de Venezuela. Yo lo había leído de casualidad, ni sé cómo me llegó esa revista. Efectivamente hicimos una entrevista y me dio muy generosamente el texto. A partir de ahí nos escribimos un par de veces, hubo una carta muy generosa de él sobre mi relato "Homenaje a Roberto Arlt", pero no era alguien con quien yo pudiera tener una amistad. En principio porque sus amigos formaban parte de una tradición muy arcaica, muy anterior, muy cerrada incluso. Pero siempre lo tuvimos muy presente y lo sentíamos como una referencia y un interlocutor.

Nos interesaba mucho la ética literaria de Onetti. Para mí siempre fue muy impresionante ver que después de haber publicado *La vida breve* y otras obras maestras, empieza a hacer ediciones casi de autor, en Uruguay, de textos como *La cara de la desgracia* o *Para una tumba sin nombre*. Es decir, que él es un ejemplo del escritor que trabaja en su obra sin preocuparse por la resonancia que pueda tener, sigue escribiendo en secreto ajeno a toda repercusión.

ED: Además de Arlt y Borges, ¿con qué otros escritores lo ligás? ¿No hay otras genealogías todavía por establecer o profundizar en relación a Onetti?

RP: Yo creo que él está ligado a Ernesto Sábato, mucho más ligado a Sábato de lo que se acepta. Aunque nadie lo va a decir porque Sábato ha quedado relegado, acaso porque es un tipo de escritor con posiciones políticas muy oportunistas, muy exhibicionista, antipático y muy arrogante. Pero ese mundo de historias densas, faulknerianas, donde la ironía tiene un lugar marginal, en contra de lo que era Cortázar, pongamos, que venía con esa idea de la literatura como un juego. No es casual que Onetti inmediatamente valore *El perseguidor*, esa *nouvelle* de Cortázar que trabaja ya en una onda más existencial. Yo te diría, para hacer una serie, que habría que ver sus relaciones con Sábato, y con Eduardo Mallea mismo. De hecho creo que él le dedica un libro a Mallea, quien tiene también un mundo en cierto sentido onettiano. Aunque desde luego no se pueden comparar porque su estilo es imposible. Pero *Chaves* por ejemplo, una *nouvelle* bastante buena de Mallea, tiene un héroe que podía circular en un relato de Onetti y los títulos de Mallea como *Cuentos para una inglesa desesperada* o *Todo verdor perecerá*, podrían ser de Onetti. Así es que temáticamente hay cierto parentesco, con Sábato o con Mallea. Pero Onetti es muy superior. Y, desde luego, Roberto Arlt. Es un universo de escritores que tienden a hacer un tipo de literatura metafísica, donde enfrentan cuestiones que exceden el relato propiamente dicho.

Ahora, para nosotros, que empezábamos en esa época, Onetti era un modo de escapar de la oposición Arlt-Borges. Onetti hace muchas cosas, pero entre otras también hace una síntesis de esas dos líneas. Los mitos de origen de los escritores son siempre muy interesantes. Su mito de origen es que le lleva su primera novela a Arlt, y lo interesante es que Arlt lo aprueba pero no lo lee. Eso es lo que me gusta, porque es bien "arltiano". Arlt mira un poco el libro, y le pregunta a Kostia —también amigo de Onetti— ¿yo publiqué algo este año? No, le dice Kostia. Y ahí Arlt dice: bueno, entonces esta es la mejor novela del año. La escena es lindísima, un rito de pasaje. Arlt ni la lee, la mira un poco, y Onetti recupera esa imagen como su mito de origen.

ED: En tu labor docente has enseñado mucho a Onetti, y es central además para tus lecturas sobre el policial. ¿Qué le daría Onetti al género policial y en qué otras claves lo enseñaste?

RP: Por un lado Onetti fue un lector constante del género, y eso es algo sabido. Y el tipo de escritor con el que estaba relacionado, en especial Faulkner, es un tipo de escritor que trabaja las historias como si fueran siempre enigmáticas. Eso ya lo acerca al género, más allá de su relación inmediata o no. Es decir, el texto siempre tiene algún tipo de secreto o enigma que uno tiene que develar, y el relato circula en relación a ese lugar vacío. Entonces, ahí hay algo que uno puede emparentar con el género. La otra cuestión que me interesa es la conexión que yo establezco con la ficción paranoica, que sería una vuelta de tuerca sobre el género, en el sentido de la construcción de una realidad sobre la base de cierta idea fija o cierta perturbación del sujeto. Y lo más interesante es que yo creo que esto le pasa al narrador en Onetti, más que a ciertos personajes con sus propios delirios. Pero el narrador onettiano no puede tomarse como un personaje normal o neutro. Es el narrador el que tiene una percepción paranoica, que interpreta demasiado, que está metido en mundos un poco extraños. Esa también es una marca interesante. Eso implicaría a Onetti en esa serie de textos que yo elegí para explicar el género y sus cambios.

Después en Buenos Aires yo di un curso centrado en las novelas cortas. Para mi fue una experiencia notable. Ahí tendríamos un poco lo que es el eje de lo que estamos diciendo, que son los distintos registros de lectura. Uno lee cuando está escribiendo, encuentra ciertos escritores que actúan en lo que uno escribe de distintos modos: como un ejemplo ético, actúan en la solución que uno está buscando, aunque no sea la misma que uno quiere encontrar. Pero por ejemplo, en la relación entre lo fantástico y el realismo, que era un tema en la discusión nuestra, Onetti la resuelve muy bien. Porque Onetti, por un lado, inventa un universo, y cuenta cómo surge ese mundo. Realiza la construcción de una realidad potencial como base de su literatura, que uno no puede menos que asociar con la construcción de la ficción especulativa y con las construcciones de mundos posibles. En ese sentido *La vida breve* es un texto increíble, es la idea de escapar de lo real. A mí me parece un elemento muy importante de la literatura. Es algo que comienza con el *Quijote*. Es un tipo de texto realista cuya conclusión es: hay que escapar de aquí. No es un tipo de texto realista que dice que esta realidad es así y hay que describirla. Entonces a diferencia de esto, hay que escapar de la realidad, hay que escapar a Santa María o adonde sea. Ante eso Onetti nos daba una respuesta. Después, nos daba una respuesta sobre qué quería decir ser un escritor en el Río de la Plata. Porque no era como Borges, que estaba en el *establishment*, que era un hombre de *La Nación*, y de *Sur*, y que aunque su obra no tenía el reconocimiento que sabíamos merecía, era el escritor oficial, que ya estaba a cargo de la Biblioteca Nacional, etc. En cambio con Onetti siempre había que explicar quién era. Entonces es muy bueno como ejemplo de alguien que persiste en la construcción de una obra y que está completamente ajeno a los efectos inmediatos que puede tener lo que escribe. Tiene la conciencia profesional de pedir que le paguen y todo lo demás, pero también publica ediciones casi privadas de sus obras maestras. El tipo sigue adelante, y con etapas de mucha oscuridad.

ED: Onetti, tanto en su obra, pero en varias entrevistas también, rescata el mundo del tango y la figura de Gardel. ¿Cómo leés ese mundo del tango en Onetti?

RP: Yo diría más bien que es el mundo masculino lo que Onetti rescata de Gardel. A Onetti le interesa ese mundo masculino. A Borges también, y desde luego a Arlt. En el caso de Borges la resolución de la cuestión de la masculinidad tiene que ver con el mundo de los duelos y todo ese universo algo absurdo. En el caso de Arlt es más bien la masculinidad débil. Porque el personaje del astrólogo está castrado, Erdosain es un cornudo instantáneo, no tiene plata, y siempre está en una condición de fragilidad total. Y luego está la escena única y extraordinaria del encuentro de Silvio Astier con el homosexual, donde Arlt capta algo ahí que no había en la literatura. Porque ahora todo el mundo hace eso, pero había que hacerlo en 1926.

Frente a Borges y su mundo de los duelos a cuchillo —donde mejor no interpretar nada— y Arlt que trabaja ese momento incierto de la condición, Onetti pone ya esa condición de qué quiere decir ser un hombre, como un eje de la historia. Eso está en Larsen, en Brausen cuando se enamora de la prostituta de al lado, de la Queca, etc. Entonces, ese imaginario del bar, de los muchachos allí, de las mujeres que circulan y son siempre un lugar un poco incierto y marginal, son como el punto donde se instala el imaginario de Onetti. Gardel es como un héroe de ese mundo. Es ahí donde Onetti es realista, en el mundo del turf y del alcohol. Y de una especie de amor que siempre está perturbado por cuestiones básicamente relacionadas con la masculinidad estereotipada. La inocencia allí está solamente en las muchachas de quince años, pero entonces hay que seducirlas. Ese es el inconveniente que tiene el loco de Onetti. Ese ámbito es muy propio, y tiene que ver con sus pulsiones, y es lo que hace que un escritor funcione. Claro que es una clasificación irónica, y un escritor es mucho más que eso.

ED: Me gustaría pasar ahora a tu adaptación de *El astillero*. ¿Cómo surge este proceso y qué desafíos implicó para vos este trabajo? ¿De qué manera modificó tu lectura?

RP: Lo primero que hay que decir es que ese es un proyecto que yo hago porque alguien me contrata. Desde luego que el hecho de que sea *El astillero* le da otro sentido. Pero eso es importante. Uno escribe un guión porque le pagan por escribirlo. Hay que pensarlo así porque forma parte del género mismo. Entonces el director, David Lipszyc, que es amigo de Dolly Onetti, consigue una opción para escribir un guión sobre la novela. Se sabe que Onetti ya había rechazado algunas adaptaciones de *El astillero* y *Juntacadáveres*, en proyectos españoles que tenían mucho atractivo comercial. En ese momento Onetti acepta, porque sabe quién soy, en realidad tampoco tanto, pero tenía alguna idea.

Digamos sobre ese trabajo que la primera motivación es el dinero, motivación onettiana y válida en una lectura. Es algo que uno debe valorar: las condiciones materiales de la lectura influyen muchísimo. La segunda cosa importante para mí es que yo admiraba el libro, lo cual suponía un problema. Lo tercero, un aspecto único acaso, es que el guión estaba escrito, en cierto sentido, para Onetti. Él lo iba a leer primero e iba a ser quien lo iba a aprobar. Eso generaba un problema. Era algo que me atraía mucho pero que no era nada sencillo, porque el novelista es el peor lector de cualquier adaptación. Esas fueron las condiciones.

El guión lo escribí relativamente rápido pero estuve mucho tiempo hasta darme cuenta cuál era la cuestión clave. Yo había leído varias veces la novela y volví a leerla y me costó darme cuenta de que, en verdad,

la novela tarda en empezar. Tardé en darme cuenta de
que la historia verdadera que se narra no es la historia
de Larsen sino la historia de Gálvez. Gálvez es un personaje muy escondido, como siempre en Onetti, y es
el motor secreto de la trama, y en un sentido Larsen
funciona como un detective, que llega ahí a investigar una historia que no es la de él. Se va a meter en
una historia que lo atrapa pero que no es su propia
historia. Más bien es un pretexto. Porque si uno lee
El astillero conectada con *Juntacadáveres*, uno sabe que
el motivo de Larsen es vengarse de lo que le habían
hecho en Santa María, con su proyecto del prostíbulo,
que lo han expulsado y humillado. Y entonces toma
la empresa del astillero como una revancha y como
una posibilidad de llevar a cabo otro proyecto tan
extraordinario como el del prostíbulo perfecto: salvar
el astillero. Porque, para Onetti, Larsen es el artista, el
que busca la perfección. Ese tipo de cuestiones para
mí no podían entrar en la adaptación, en el sentido
que la motivación verdadera de Larsen era vengarse de
una historia del pasado y del pueblo. Eso tenía que
estar implícito, pero no se podía contar porque perte-
necía a otro argumento.

Lo que sí aparece en la adaptación es que Larsen
utiliza sus maneras de gigoló y sus conocimientos del
mundo de la prostitución como un modo de usar
a las mujeres para entrar en la historia. Porque primero seduce a la hija de Petrus y luego a la mujer
de Larsen, y por lo tanto usa para eso su capacidad
de tipo que sabe estar entre mujeres, que vive de eso

o imagina que vive de las mujeres. Pero yo tomé la decisión de considerar a Larsen como alguien que funcionaba como un detective en el género, es decir, que es alguien que se mete en una historia para averiguar qué pasa, y actúa. Y puse el centro de la historia en Gálvez, su vida es la vida que le espera a Larsen si se queda allí en el astillero. Gálvez es el hombre que puso todo en ese proyecto y quedó enterrado por Petrus. Pero lo importante es que tiene una carta que le permite chantajear a Petrus, y por supuesto es el que se suicida en la novela. Es el sujeto que verdaderamente vive el fracaso del astillero. Y es sobre quien gira la trama. El *plot* de la historia es que hay un tipo que tiene unos papeles que pueden hundir a Petrus y que vive al margen, en una especie de barco abandonado con una mujer. Esa fue la decisión clave. Me permitió inmediatamente cambiarle el ritmo, o ver que la novela cambia de ritmo: la novela empieza lentamente con la entrada de Larsen y tarda en aparecer Gálvez. Y cuando aparece ya está muy avanzada la novela, pero todo se acelera. Eso me posibilitó que el corte, lo que es preciso suprimir, que siempre es la clave para una adaptación, fuera pertinente. Usé sencillamente a Larsen como el personaje que entra en el lugar, lo que permite que Gálvez vaya hacia el primer plano de la historia, y de ese modo pude resolver la adaptación. Y una adaptación siempre supone una teoría del corte. Y cuando uno ve esa estructura, uno ve que la novela es lenta hasta ese momento, pero cuando Larsen se entera de que Gálvez tiene esos documentos, y que está dispuesto a no entregarlos, ese para mí era el nudo. Cuando tuve eso claro pude resolver la adaptación. Porque entonces me jugué de un modo muy drástico a contar esa historia. La historia de alguien que era un espectro de Larsen, un tipo en una situación dramática, de enfrentamiento real con Petrus, el de alguien que tenía un elemento clave en sus manos y que permitía que la trama actuara.

ED: Un aspecto interesante de tu guión es el inicio, que marca una reescritura importante de la novela. En tu adaptación entrevemos el final de Larsen y de la novela, antes de la secuencia de títulos. [Ver fragmento del guión al final de esta conversación.]

RP: Mi idea era dejar en claro que Larsen está derrotado. Que la película comience con su derrota y que la historia fuera ver esa derrota, que el espectador se preguntara el porqué. Luego se insinúa que la mujer de Gálvez en realidad espera un hijo de Petrus. Además a mí me gustaba la idea de hacer un pequeño corto antes de los títulos, manejarse con un marco, que sencillamente lo que hace es dar el tono de lo que vas a ver. Ahí se ve que es la historia de un tipo que es arrojado, y que eso tiene que ver con la mujer de Gálvez. Después los directores hacen lo que quieren y lo que pueden. De hecho tampoco estoy muy de acuerdo con el final, con la escena del parto, que sin ese marco inicial, esa reescritura, queda muy precipitado.

Otro aspecto que me dio mucho trabajo fueron los diálogos, hacer unos diálogos que se pudieran decir pero que tuvieran ese tono de Onetti, donde no hay distinciones costumbristas, y todos hablan igual. Es decir, que un filósofo de barrio, una prostituta, un político, hablan todos igual. Es como Saer en eso. No tiene ninguna preocupación por la cuestión de la fidelidad a la psicología en relación con el lenguaje. El lenguaje tiene una sintaxis que viene de la oralidad pero los personajes no se identifican por sus modalidades lingüísticas. Eso suponía todo un asunto a la hora de adaptar la novela. Luego depende de los actores y de lo que pasa en el rodaje. Desde luego, lo más complicado y lo mejor del guión para mí es el modo en que Larsen se conecta con las mujeres, primero con la hija de Petrus, luego con la sirvienta y con la mujer de Gálvez, en ese espacio muy decadente y muy en ruinas.

Hace tiempo que no leo el guión, pero recuerdo la sensación de que la historia empezaba tarde, que Onetti la ralentaba. Después busqué las situaciones dramáticas que para mí fueron el encuentro de Larsen con la hija de Petrus en el bar, y los sucesivos encuentros con ella en el jardín, y finalmente los encuentros en la guarida de Gálvez, donde aparece esa conexión con su mujer. Que por otro lado es una mujer que Onetti toma de Faulkner, casi de modo directo de *Santuario*. La disposición espacial allí es la misma que en *El astillero*. Hay un lugar central y un lugar marginal donde hay una destilería clandestina, con los cuales está ligado Popeye, y la mujer tiene un sobretodo y

usa zapatos de varón, y está embarazada, igual que en
El astillero. Es un dato muy directo. Tomó esa imagen
y la trasladó.

ED: Onetti ha sido leído muchas veces como precursor del boom, pero su colocación es siempre algo
incómoda, o si se quiere, encarna otro tipo de escritor,
que establece otra relación con las instituciones culturales. ¿Cuál es el lugar de Onetti para vos?

RP: Yo no leí el libro reciente de Vargas Llosa sobre Onetti, pero al valorarlo porque *La vida breve* sería "la primera novela moderna", ya empezamos mal.
Cada vez que a un escritor lo ponés como precursor,
ya lo estás desvalorizando. Me parece que Onetti es
un escritor que no puede ponerse en una historia de
la evolución de la novela, porque eso no tiene nada
que ver con lo que hace ni con quienes dialoga. Él
dialoga con Céline, con Faulkner; no está dialogando
con Ciro Alegría, ni le interesa hacer avanzar nada.
Entonces, ¿por qué es un escritor de culto? Porque es
difícil. ¿Qué quiere decir ser difícil? Sobre todo en esta
época, pero siempre, ¿qué quiere decir ser difícil? Por
un lado, que no incurre —voluntariamente o no— en el
estereotipo de respaldar ciertas causas sociales importantes, bien intencionadas o no. Onetti era un escritor
que por supuesto está en el espacio de la izquierda,
que publica en esos ámbitos y editoriales, pero es muy
difícil que encuentres en su literatura ningún rastro
que fortalezca la posibilidad de incorporarlo en una

agenda determinada, algo que definió a los escritores latinoamericanos durante mucho tiempo.

Segundo, su tipo de narración trabaja con la idea de la no resolución y de la incertidumbre. Por lo tanto trabaja con un texto que pone al lector frente a un hecho que es la literatura misma. No hay nada que decidir, no se sabe bien qué es lo que pasa. Ese tipo de escritores ponen a los lectores en aprietos porque los llevan a pensar que la historia no se entiende. Básicamente porque no responde a los criterios tradicionales por los cuales una historia se cierra con una explicación clara.

El tercer punto es que tiene un estilo demasiado bueno, o demasiado literario, ajeno a lo periodístico y su retórica, que define el sentido común de lo literario de los últimos años. Todos esos elementos ayudan, podría decirse, a que sea un escritor siempre a la espera. Nunca está en el lugar de llegada. Lo cual está muy bien.

Por otro lado, él construye un lugar, una figura de escritor, que es muy atractiva. No va a congresos, no participa en las formas habituales de la vida cultural, o por lo menos si lo hace, es muy secundario. Porque también lo ha hecho, por ejemplo cuando el Departamento de Estado de Estados Unidos lo invita y él acepta, en un momento en que no era aconsejable, en plena Guerra Fría. En cambio no va nunca a Cuba, a pesar de haber recibido muchas invitaciones. Tal vez no va por fiaca. Pero eso también lo pone en un lugar distinto, porque en La Habana era donde estaban todos los editores extranjeros, donde estaban todos los nombres del boom.

Después hay otra cuestión interesante, aunque menor, y es el hecho de que está a medio camino entre Uruguay y Argentina. Y luego, claro, la experiencia de la lectura de sus textos, que tienen la gran virtud de dividir al público. Hay un tipo de literatura, la gran mayoría, que no disgusta a nadie. En cambio Onetti es como los buenos escritores, que dividen al público.

ED: ¿Esa división que provoca Onetti te parece que existe incluso entre los escritores hoy?

RP: Sí, creo que sí, todavía hoy. La gente no lo dice mucho, claro. Yo creo que eso es un dato de la literatura, o del arte, mejor dicho. Me parece que hay una poética actual, muy difundida, la idea de escribir algo que no le disguste a nadie. Lo cual supone decisiones estilísticas, de estructura narrativa, de claridad de la anécdota. A veces eso está acompañado por un tono neutro, un estándar establecido, que se considera que es la "escritura literaria". Con esa fórmula no se sabe de quién es lo que uno lee, son todos parecidos. Onetti es totalmente antagónico a eso, lo que escribe tiene la virtud de producir un efecto de ruptura y de encolumnamiento. Hay gente que se deja matar y otra gente que no lo puede ni ver.

ED: Puede decirse que a pesar de cierta incomodidad que generó el lugar de Onetti, ya está definitivamente establecido en el canon. Sin embargo hay un interés actual que parece estar incrementando su importancia. ¿Cómo interpretás estas operaciones?

RP: Ahora ya está consolidado, pero siempre las operaciones que producen ese tipo de situación están ligadas a otros debates. En ese sentido, yo creo que Vargas Llosa con su intervención sobre Onetti está también discutiendo otras cosas. Por un lado, yo creo que el interés creciente tiene que ver con el centenario. Los aniversarios son los modos que hay ahora para que los escritores sigan persistiendo. Entonces todo el mundo sabe que habrá mucho interés en Onetti. No quiero decir que Vargas Llosa sea oportunista, pero algo de eso debe haber. Va a haber interés en Onetti. ¿Cuáles son los libros sobre Onetti? Ahí va a estar el libro de Vargas Llosa. Por otro lado, yo tendría que leer el libro. Pero, para Vargas, Llosa Onetti puede ser un modo de discutir la tradición literaria, con esa idea un poco ingenua o muy conservadora del desarrollo lineal y del progreso de la literatura. Cada escritor en su lugar... sin rupturas dramáticas, anti vanguardista, sin revoluciones, una especie de liberalismo literario.

ED: Y por otro lado Vargas Llosa presenta a Onetti, además de calificarlo como "el primer escritor moderno latinoamericano", como el autor de una obra que refleja o sería la alegoría "del fracaso de Latinoamérica".

RP: Esas lecturas estuvieron siempre. Por un lado, antes era Uruguay el lugar de la alegoría, y luego Latinoamérica. Tampoco veo que Latinoamérica haya fracasado. Esa lectura es más bien la de un Onetti como escritor social, que además ya fue hecha. Me parece que es una lectura poco interesante y que limita mucho su literatura. Por otro lado, yo creo —a lo mejor soy muy ingenuo— que es muy difícil que una obra de esa calidad no consiga un reconocimiento. A la larga tiene que estar donde está, porque es una obra de una calidad extraordinaria. Es decir que más allá de las redes sociales que se construyen, más allá de la presencia de la cultura de masas y los criterios de lectura, creo que los textos tienen su propia dinámica y son capaces de hacer un camino, más allá de que como sabemos, lo que en verdad decide la consagración, el canon y la historia literaria son redes no ligadas inmediatamente a la producción misma. Así es que tenemos que alegrarnos de que Onetti, como Arguedas, estén teniendo un lugar más central en la tradición. Son escritores como Guimarães Rosa o Rulfo. Escritores que no han hecho vida literaria, y que han estado un poco afuera de los sistemas rápidos de legitimación. Sabemos sin embargo que Onetti le dedica la novela a Mallea, publica en *La Nación*, etc. Porque también está el otro extremo, es decir, no se puede decir tampoco que Onetti era un marginal. Publicó *Los adioses* en *Sur*, *La vida breve* en Sudamericana. Pero fue siempre muy consecuente con una política de estar ausente.

ED: ¿Cómo leerías entonces lo político en su literatura, de un modo más cercano al texto? ¿Cómo escapar de esa lectura "social"?

RP: Yo veía en sus textos cierta política en el modo de circulación de la información en los relatos. Lo que Onetti vendría a decir es que el lenguaje de las pasiones no pertenece al registro en el que se suele divulgar el uso del lenguaje. Ese lenguaje y sus sujetos resisten a usos mucho más estandarizados o mercantilizados. Pero no sólo el lenguaje en el sentido estilístico, sino también cómo funcionan los lenguajes en el interior de sus novelas, qué tipo de cuestiones circulan, cómo se construyen las creencias en el interior de sus textos. La conclusión más rápida que uno puede dar es que él avanza hacia la construcción de un universo donde la ficción es el punto de llegada. La indecisión que identifica a la ficción es su apuesta. ¿Y eso por qué? Porque él hace algo que es un gesto que yo lo vivo como políticamente muy decisivo, y es que Onetti no cierra la conclusión nunca. Es un lugar muy importante del análisis de las formas sociales e ideológicas. El final es el que decide el sentido. Y los de él son siempre indecisos. En *El astillero* cuenta dos finales o vidas posibles. En una de ellas Larsen muere y en el otro no. Entonces esas son las operaciones donde la literatura interviene en la política. Experiencias construidas en el laboratorio de la cultura para hacer ver que las cosas no son tan sencillas ni tan claras. Me parece que eso es algo que Onetti aprende de Faulkner pero desarrolla de un modo muy personal: ¿qué quiere decir terminar una historia?

Fragmento inicial del guión de *El astillero*
por Ricardo Piglia.

14-01-1999. Última versión.

EL ASTILLERO.

1. EXT. AMANECER. CASILLA.

LARSEN llega hasta el astillero y hace un rodeo para alcanzar la cabina de GÁLVEZ en el barco abandonado. En la oscuridad se agacha hasta sentarse en un cajón y enciende un cigarrillo bajo la luz del alba. Primero oye un rumor, un jadeo, un gemido mezclado con gritos sofocados, después ve la luz amarillenta en las rendijas de la casilla. Cierra los ojos para no ver y sigue fumando. Se levanta y va hasta la cabina. Se empina para alcanzar el agujero que llaman ventana y ve a la mujer en la cama. Escena de parto. La mujer de Gálvez está con las piernas abiertas y otra mujer —que no se alcanza a identificar— la está ayudando.

LARSEN
Le va a nacer el hijo. (*LARSEN se aparta de la ventana.*) Tengo que salir de la trampa.

2. EXT: AMANECER. CALLE.

LARSEN cruza casi corriendo frente al Hotel Belgrano y alcanza por fin el muelle de tablas del atracadero. Se sienta en la banqueta, con las solapas levantadas del sobretodo, respirando agitado.

3. EXT. AMANECER. PUERTO ASTILLERO. MUELLE.

A la mañana tres lancheros encuentran a LARSEN tirado en el banco del muelle, delirando bajo el cartel de Puerto Astillero. Los hombres lo rodean. LARSEN envuelto en su sobretodo, negro, manchado y húmedo por el rocío, los mira como alucinado desde abajo. Larsen delira.

LARSEN
Está naciendo... La estirpe maldita de Petrus... Todo va a volver a empezar...

LANCHERO
Tranquilo, viejo, qué hace. No hay que dormir afuera la mamúa, hace un frío que pela.

LARSEN
Voy al norte, ¿me llevan al norte?
Tengo que salir de acá...

(*les ofrece el reloj pulsera*)

Se sienta y se apoya en borde del muelle. Se mira las manos hinchadas y casi deformes. Trata de incorporarse y manotea aterrorizado el revólver. Suena un disparo.

COMIENZO DE LA SECUENCIA DE TITULOS

4. EXT. DIA. RUTA.
Sobre una ruta descampada se ve a lo lejos un antiguo ómnibus de larga distancia. Avanza casi inmóvil contra la luz de la mañana.

LARSEN (*Voz en off*)
Querido Larsen. Vení, hacéme caso, largáte, aquí está todo listo para hacer lo que vos quieras. El viejo Petrus está acorralado, la hija es loca, el astillero se viene abajo... Yo me voy a encargar de que todo salga bien...

4bis. INT. OMNIBUS, DIA.
En el ómnibus, LARSEN, sentado contra la ventanilla, tiene una carta en la mano y la vuelve a leer.

LARSEN (*Voz en off*)
Querido Larsen. Vení, hacéme caso...

5. LA FICCIÓN PARANOICA

Conversación con Jeffrey Lawrence y Camilo Hernández

Jeffrey Lawrence: Pensamos que un magnífico tema de esta conversación podría ser el género policial en América Latina y Estados Unidos. La primera pregunta que nos gustaría plantear tiene que ver con los fenómenos sociales, políticos y artísticos que suelen denominarse bajo el término "modernidad". Usted se ha referido a una transformación "más secreta" en los modos de narrar que se anuncia en Poe y que de alguna manera prefigura la poética de autores como Conrad, James y Fitzgerald. ¿Nos puede hablar un poco sobre esa transformación?

Ricardo Piglia: La periodización siempre es un problema. En el caso del género policial, vemos surgir con claridad el género en 1841 con "The Murders in the Rue Morgue" de Poe, que condensa todas la líneas de transformación futura. Partimos entonces del hecho, un poco milagroso, de que vemos surgir un género en toda su plenitud. Entre las muchas cuestiones que la aparición del género nos suscita, está la idea de que también podemos ver ahí una suerte de arqueología de un tipo de transformación en los modos de narrar. Estas transformaciones pertenecen a una línea que no es la más visible cuando se analiza el proceso de experimentación de la novela clásica del siglo XIX hasta las narraciones de Joyce, Proust y Kafka. Habría una línea menor y un poco "más secreta" que tendería también a cuestionar la figura del narrador omnisciente y de los modos de narrar. Aparece un narrador que está una posición de no saber, digamos un narrador que no termina de conocer la historia que va a contar. La arqueología de ese modo de narrar esta en los cuentos policiales de Poe. Me parece que una clave de esa forma es que el narrador en primera persona se relaciona con una historia que no es la de él, pero que trata de entender y de enfrentar, y a la que de be acceder, digamos así, y que a menudo aparece concentrada en un sujeto (se llame Kurtz o Gatsby) o en una situación específica (un crimen, un enigma).

JL: En Conrad, ¿sería el caso de Marlow, no? Y pensando en James, ¿sería *The Turn of the Screw*?

RP: Sí, exacto, el Marlow de *Lord Jim* o de *El corazón de las tinieblas*, que va hacia la historia que tiene siempre un núcleo opaco, enigmático. James es el que teoriza esta cuestión ya avanzado el siglo XIX, con la hipótesis del punto de vista y con la idea de un narrador que está situado en el mismo plano que los otros personajes, y sabe lo mismo que ellos o menos. Y me parece que la imagen de la ficción que tiene James, en ese texto que se llama "The House of Fiction", es la de un novelista que pasa frente a una casa, ve una ventana iluminada y en esa ventana ve una escena, y luego trata de imaginar qué sucede ahí. No está tratando de construir una historia propia. Sino que de pronto algo le llama la atención en un lugar y le parece un poco enigmático y empieza a tejer especulaciones a partir de allí. O en muchos casos empieza a investigar. Y esa línea de modificación de la narración luego se condensa en una serie de pequeñas obras maestras, como las de Conrad o incluso las *nouvelles* de Onetti. Pero me parece que la forma encuentra su punto de partida ya en Poe, con el narrador anónimo que se alía o establece una relación de amistad con Dupin. Entonces es como si ahí se produjera un desdoblamiento, y el narrador envía a alguien, el detective, que va a la historia y vuelve con los datos. El narrador entonces transcribe o comenta lo que dice esa figura, que casi es un desdoblamiento del narrador: el que narra y el que investiga. Si uno ve un relato que se ha trabajado mucho, como "El hombre de la multitud", donde el que narra es el que sigue al sujeto, el género está ahí, la renovación está ahí, pero falta el giro, me parece que en el momento en que Poe logra que el narrador se desdoble y encuentre esa figura extraordinaria del detective, desde el punto de vista de la pura inscripción de los procedimientos narrativos, ha encontrado un camino nuevo. Desde luego, el detective tiene otro tipo de funciones, pero tiene muy nueva en la economía narrativa.

Camilo Hernández: Me gustaría que nos diera su opinión sobre el famosísimo debate de los treinta acerca del origen del género policial, del cual parecen desprenderse dos posiciones críticas que no solamente giran alrededor del género, sino que parecieran girar alrededor de la novela moderna en general. Podría pensarse que por un lado está la tradición "Benjamin" que localiza el origen del género policial en ciertas condiciones histórico-sociales-estéticas, y por otro lado estaría la "lectura Borges" que vería el comienzo del género en la encrucijada de una serie de nuevos "hábitos mentales".

JL: Respondiendo a Callois, ¿no?

CH: Claro, respondiendo a Callois. Es muy interesante que mientras los dos parecen señalar a Poe como el fundador del género, donde Borges apunta un origen en la forma o un origen literario, Benjamin pareciera estar apuntando a un origen que tiene que ver con determinantes histórico-sociales. Quisiéramos saber cuál es su posición frente a esa divergencia.

RP: Sí. En el seminario hemos tratado de articular las dos posiciones manteniendo la tensión. Lo cual es más una propuesta de trabajo que una solución, porque uno puede ver ahí una oposición clásica. Clásica en el sentido de una gran tradición que dice que en realidad los géneros y las formas literarias tienen una historia propia, autónoma, digamos. Y que esa historia es una historia de renovaciones, estereotipos, parodias y nuevas transformaciones. Luego hay otra posición que ve los géneros ligados a situaciones sociales: los géneros en su forma serían la elaboración específica de ciertas condiciones sociales. Hemos trabajado en esa línea. Los géneros discuten a su manera las mismas cuestiones que discute la sociedad. Y en este caso vimos la inseguridad, la amenaza, el delito, la presencia inquietante de las masas, de los posibles agresores. Y ese es un poco el sentido del título del seminario: "la ficción paranoica". Me parece muy interesante que en un momento dado, en los años treinta y cuarenta, todos los grandes criticos, digamos Bloch, Krakauer, Benjamin, Simmel, Orwell, W.H. Auden, Brecht, Edmund Wilson, el mismo Caillois, se están planteando la cuestión del género policial. Les interesan muchas cosas del género: el hecho de que sea popular, que sea marginal, en el sentido de las grandes tradiciones, porque ellos han empezado a luchar contra la historia de los grandes nombres de la alta literatura y buscan formas menores.

De modo que son dos grandes tradiciones: la de Borges, es una tradición que él construye sobre la base de su propia poética y de su propia comprensión de la literatura, aunque desde luego también Sklovski yTinianov están trabajando en ese sentido. Pero a Borges son sus propias redes las que lo llevan a Poe.

Regresando a la cuestión de los "hábitos mentales", me parece que Borges valora de Poe una serie de elementos que se condensarían en el género. Uno es el elemento de la brevedad, de la forma, que es algo que a Borges le importa mucho, y que desde luego Poe ha sido uno de los primeros en teorizar, y luego la idea de la narración como solución de problemas. Poe sería como un precursor de lo que en Estados Unidos se llama "ficción especulativa" que uno podría llamar literatura conceptual o literatura que tiende a trabajar a partir de cierto tipo de conceptos, problemas, o cuestiones que organizan el relato en esa dirección. Entonces, Poe le interesa a Borges, como le interesa Valéry y a Macedonio Fernández porque es el primero que empieza a concebir el relato no sólo como pasiones y sentimientos, sino también como un modo de pensar y de resolver cuestiones que se pueden plantear en términos filosóficos o conceptuales. Y cuando Borges habla de "hábitos mentales" está diciendo que Poe, al mismo tiempo que escribe esos textos, trabaja con la literatura de terror y con ciertos géneros populares, y también trata de establecer ahí modificaciones en la tradición.

CH: Hay dos cosas que insinúa muy interesantes, y de las que nos interesa que nos hable brevemente. La primera es la estrecha relación entre el género y la novela gótica, ¿cómo se remplaza el fantasma (entendido como una forma de sublimación de la muerte) por el cadáver (instancia de máxima materialidad de la muerte)? Lo otro que mencionó fue la relación con el discurso científico, y por tanto con un discurso, que no sé cómo llamarlo, que parece como discurso de Estado en el sentido que es el discurso oficial. ¿Cree que se da una tensión entre el relato gótico y los relatos de Estado, que pareciera fundamentar la entrada del género policial en la tradición?

RP: Claro.

JL: Relación que es explícita en los primeros cuentos de Poe, como "The Murders in the Rue Morgue", en donde significativamente alquilan una mansión que tiene esos atributos de la novela gótica.

RP: Estamos a punto de entrar en un relato gótico. Si unimos el saber científico con el mundo de los terrores, quizá lo que sale es un género como el policial. Yo creo que lo que tienen en común con el gótico es algo que podríamos llamar la seducción del mal. La tentación de la muerte. Porque en el gótico y en el policial está la idea de que hay un mundo más tenebroso que el mundo cotidiano, y que ese mundo tenebroso que en el gótico se traslada a épocas distintas —castillos abandonados, zonas extrañas, etc.— en el policial se instala en el mundo cotidiano. Pero es la misma atracción por ese universo un poco pulsional o siniestro. A eso Poe lo ilumina con la pura luz de la razón, pero sigue siendo el mismo mundo, en el sentido de su universo temático. Quiero decir que en principio el género elude la presentación de la escena de sufrimiento, mientras que en el gótico estamos muy cerca del horror, pero se sigue trabajando con la idea del crimen, del cadáver y de situaciones extremas. Podríamos decir que el gótico tiene la misma relación con el género policial que *El Quijote* con las novelas de caballerías. Entonces, en un punto el policial elabora lo que existía y lo pone en otro juego. Y eso me parece que persiste a lo largo de su historia porque también hay muchos elementos de lo gótico en las novelas policiales posteriores, en James H. Chase, en Jim Thompson, en James Ellroy o en John Connolly.

JL: Hay un proceso paralelo con el psicoanálisis. Podría pensarse el psicoanalista como figura de detective. Usted acaba de mencionar casi todos los elementos góticos que también están en Freud. De cierto modo, ¿el ensayo sobre lo siniestro también está poblado de fantasmas, no?

RP: Para mí hay una reflexión muy productiva de un crítico que ahora no es muy leído, pero que es muy interesante: Leslie Fiedler, quien escribió *Love and Death in the American Novel*. A Fiedler le interesaban los géneros populares, y hace una serie de lecturas muy buenas de la tradición norteamericana. Dice que entre el fin de la religión o la muerte de Dios y la aparición del psicoanálisis surge el momento del gótico. Porque entonces todo ese universo que la religión controlaba, los demonios y las brujas y todo ese universo que ya tenía su folklore, era el inconciente que se define y se normaliza con Freud. Es muy linda esa idea. Y si uno mira la historia del gótico va a ver que el gótico clásico se diluye y se transforma cuando aparece el psicoanálisis. El psicoanálisis nos viene a decir que el gótico lo tenemos todos: muertos que reaparecen, instintos criminales, incesto, vampirismo, fantasmas y deseos sádicos. De modo que en un sentido el género policial también está en ese momento en que pierde su lugar central la religión y todavía no ha llegado el psicoanálisis. Es una idea muy productiva. No porque el psicoanálisis cambie la literatura, sino que produce un desplazamiento. El psicoanálisis es también literatura popular y cultura de masas. También hay una atracción en el psicoanálisis, de modo que no es sólo la resistencia, en ese mundo de la construcción de un sujeto más o menos extraordinario en el subsuelo de cada uno. La idea del psicoanálisis como un relato de masas, como una suerte de versión al alcance de cualquiera de historias melodramáticas y tenebrosas. No olvidemos que también Freud escribió un libro sobre la psicología de las masas. Y en el seminario partimos de la masa, de la multitud, de la sociedad de masas, como la condición social que produce una serie de transformaciones y modificaciones en distintos registros de la experiencia. La sociedad de masas se experimenta como forma de amenaza, una amenaza que persiste hasta hoy, que va tomando formas distintas, pero se mantiene como forma de amenaza. La masa es vista como la versión multitudinaria de lo pulsional. Hay un gótico de la masa, para decirlo así. Y esa masas debe ser domesticada, adiestrada, educada, controlada, etc. La literatura lo elabora como siempre de un modo propio y específico. Pero toda la sociedad estaba discutiendo ese asunto.

JL: Volviendo tanto a la tradición argentina y anglosajona, en el curso de literatura inglesa que Borges dio en la Facultad de Filosofía y Letras, dice algo que me parece muy interesante. Hablando de la relación entre *Las mil y una noches* y la figura de Chesterton. Y voy a leer brevemente: "*Las mil y una noches* no es sólo importante por el encanto que puede darnos su lectura sino porque cuando uno lo lee uno entiende que de algún modo toda la obra novelística de Chesterton ha salido de ahí". Estaba pensando que para un lector norteamericano esto parece un disparate. Hablando con un amigo hace poco, estudiante de doctorado en literatura anglosajona, nos decía que cuando por primera vez leyó a Borges pensó que Chesterton era una invención, que Borges había inventado a ese escritor británico de finales de siglo [risas]. Y estaba pensando que eso nos dice algo de la manera en que Borges leyó la tradición angloamericana y también cómo nosotros leemos a Borges.

RP: Yo creo que la elección de Borges no es tanto la precisión de la relación sino el choque que produce. Es una gran estrategia crítica de Borges, establecer esa serie de cruces, que en general siempre tienen algún sentido. No sé a qué se refiere ahí, no conozco tanto a Chesterton. A Borges le gustaba mucho Chesterton y lo consideraba desde luego una referencia, porque, por un lado, admira a los escritores que eran best-sellers en su momento, cuando él era joven. Escritores que se leían en un espacio anglófilo como era el de su familia: Stevenson, Chesterton, Wells, hay alguno más por ahí, después Wilkie Collins, Kipling. Eran los grandes escritores populares de la época.

JL: Todos están en ese curso que él da.

RP: A mí me interesa ver cómo Borges está conectado con la tradición popular en la narración, y no sólo con las narraciones populares al estilo de *Las mil y una noches*, sino también con el cine de Hollywood. Es súper intelectual y súper sofisticado, pero tiene un pie bien puesto en lo que podríamos llamar las tradiciones populares. Escritores muy populares en su momento, muy leídos, escritores profesionales muy ligados al mercado literario. Y ahí tenemos un punto que explica el interés de Borges en el género detectivesco. También le interesa el género por eso. Le interesa por todo lo que dice, pero también por su capacidad de tramar una intriga que llega a un público amplio. Ahí Borges tiene una mirada de vanguardia. Digamos que Borges era un buen lector de vanguardia. Como escritor él trata de zafarse de esa clasificación, pero como lector es extraordinario. Si la vanguardia es oponerse a lo que está establecido como convención, es evidente el aspecto vanguardista de la lectura de Borges.

JL: Estaba pensando que era muy raro que Borges hubiera leído solamente best-sellers. Pero igual lo que hace con ellos es crear un género de lectura menor. Tal vez sería constructivo comparar esta "instancia" de lectura con el caso de Flannery O'Connor, interesada en el gótico pero en el sur de Estados Unidos (literalmente en el borde), y lo que queda es desde luego, una cosa rarísima, fascinante y extraña.

RP: Desde luego, Borges leía todo, lo interesante es que él utilizaba a esos escritores en la discusión. Porque es un punto de discusión muy intensa con la literatura establecida en aquel momento: Thomas Mann, Aldous Huxley, André Gide. Ahora, esta idea del lugar, que Borges teoriza en "El escritor argentino y la tradición", diciendo, bueno, justamente porque no estamos en la tradición central podemos utilizar cualquier tradición, también nos llama la atención sobre las características muy extraordinarias que hay en la ciudad de Buenos Aires en esos años, Borges no se va de Buenos Aires desde al año 23 al 62 y sin embargo está totalmente al día. Es un poco lo que sabemos hoy, que los márgenes y el centro están más imbricados de lo que pensamos. ¿Qué clase de ciudad de Buenos Aires es esa, qué clase de librerías había? Lo cierto es que si ustedes leen las reseñas de Borges en *El hogar* lo van a ver muy ligado a lo que se está publicando, por ejemplo de Faulkner. Él lee *Absalom, Absalom!* en el 38, que en Estados Unidos todavía no se había leído [risas], y dice esto: *Absalom, Absalom!* es una novela tan buena como *The Sound and the Fury.* Borges tenía mucho de Poe. Había aprendido de Poe, en el sentido de hacer una obra y, al mismo tiempo, una poética. Y luchar por su obra mientras decía luchar por una poética. Luchar por una poética del cuento corto, luchar por una poética del policial, no decir estoy luchando por mi obra, sino que estoy luchando por una manera de hacer literatura que me parece pertinente.

JL: Hay particularmente otra figura de esa época, que me parece que tiene algunas de esas características de apostar por su propia poética, me refiero a Walsh. Caso muy interesante porque en los últimos años se le ha reivindicado como precursor de la *non-fiction novel*. Y sin embargo, es como si él, en *Operación masacre*, sobre todo con el epílogo, estuviera creando su propia teleología porque pertenece a los montoneros, etc. ¿Usted piensa que Walsh es una figura única en la historia del género, por eso mismo, por su compromiso político?

RP: Walsh también tiene las características que tienen en general los escritores, que cada uno tiene su propia manera de construir su biblioteca, su poética y su experiencia. Es un escritor muy excéntrico a quien la circunstancia política y el hecho de haber sido asesinado por la dictadura militar luego de escribir su extraordinaria "Carta", le han puesto un sello que ha perturbado la lectura más compleja que requiere un autor como él. Por un lado, fue un escritor muy integrado en la cultura de masas, trabajaba en las grandes empresas editoriales que estaban haciendo revistas y libros para kioscos. Trabajaba a destajo como traductor de novelas policiales y corrector de pruebas. Trabaja en el interior de la producción cultural más que en la discusión sobre la industria cultural, como es el caso de otros escritores que están ligados a planteos más abstractos. Él está metido ahí y lee desde ahí, cosa que

los demás no perciben claramente. La segunda marca
central, es que Walsh está en el aire de Borges. Esto es
evidente en su prosa, que es una prosa extraordinaria,
busca siempre la precisión, la concisión, la exactitud,
su fraseo está ligado al ritmo, al tono y a la sintaxis
de la oralidad, y esas son las lecciones secretas del estilo de Borges. Por otro lado, su interés por el género
policial que va de 1950 hasta 1961, sus relatos detecti-
vescos son relatos de enigma en el sentido más clásico.
Manda relatos a concursos donde Borges es jurado,
los publica en revistas de tirada muy popular en el
momento. Y en el interior de ese proceso, entre 1950
y 1961, en el 57 escribe *Operación masacre*. Entonces,
en el prólogo que él escribe a la segunda edición, él
dice algo que es muy significativo para él y para otros
escritores en América Latina. Dice que le interesaba
la literatura fantástica, el ajedrez: un mundo cultural
autónomo. Pensaba que iba a escribir una novela, no
tenía ningún interés en Perón, o en el general Valle que
es el que hace la revolución. Pero un día la historia me
asalta, dice Walsh, y ahí tienes la metáfora o los *begin-
nings*, como dirían Said y Arcadio Díaz Quiñones. Y
se construye un mito de origen, que es "no podemos
seguir siendo borgianos", pero eso lo dice en el 1965
cuando escribe ese texto. El escritor no puede estar
ahí porque la realidad lo saca. Escribe *Operación Masacre* en el 57, hizo un libro que casi parece la presentación de un caso jurídico, un libro de investigación
para probar cómo el Estado tergiversa y esconde los
hechos con la intención de hacer ver que la ley marcial

se había aplicado después de los acontecimientos. Para
eso hizo una investigación muy sutil y consigue que el
locutor de Radio Nacional le dé la hora en la que se
difundió la ley. Y la hora es posterior a los fusilamien-
tos. Ese es el argumento central. Que es el argumento
de alguien que cree en la justicia y que aporta pruebas.
Pero hay algo más: paralelamente aparece esa idea de
que hay un fusilado que vive. Entonces él empieza
a conocer a la gente que ha sufrido esa tragedia, y
conoce el mundo obrero. Tiene una sensibilidad para
hacerse cargo de la vida de las mujeres de los hombres
fusilados, gente de clase media baja de origen peronista, que muchas veces no estaban comprometidos de
una manera directa en la resistencia y que luchaban
por la vuelta de Perón porque no podían soportar el
régimen militar de la Revolución Libertadora que había venido a arrasar con todos los derechos sindicales
y obreros en Argentina. Estaban todos esperanzados
y había pequeños movimientos espontáneos de resistencia al régimen militar. Entonces Walsh entra en ese
mundo y se fascina. Yo creo que primero que nada
se fascina (esto lo decimos en secreto), más que con
el mundo político, con el modo de decir, con la voz
popular, con el tono de esos relatos, con el tipo de
historias que surgen ahí, y que él escucha muy bien.
Creo que le produce un efecto importante. Entonces,
el libro es extraordinario, pero son dos libros: hay un
libro muy bueno, que es el comienzo, que se llama
"Los protagonistas" que son pequeñas biografías y pequeños relatos construidos a partir de las entrevistas

que él le hace a los familiares de los sobrevivientes. Y luego esta esa cosa muy cuidadosa de la reconstrucción de todo, las pruebas para que no quede ningún cable suelto. Entonces el libro no se puede leer en la tradición de Miller o de Capote o del Hemingway sobre África, porque es un libro que sin política no funciona. No es un libro en el que alguien dice voy a hacer un libro de no ficción. Usa técnicas narrativas, y en eso se parece a Capote; no lo cuenta como mero informe, sino que utiliza diálogos, situaciones dramáticas. Usa formas de la novela para hacer un libro de no ficción. Pero desde luego, Walsh lo está haciendo antes que Capote y lo hace espontáneamente por su propia dinámica. Luego el libro se convierte en un clásico. En el año setenta él empieza a trabajar en el periódico de la CGT y posiblemente ahí él ya se incorpora a algún grupo de la guerrilla peronista. Y a partir de ahí, de 1970 o 71 al 76 hace vida de militante. De modo que hay varios Walsh y varios usos de *Operación masacre*. Y ese libro tiene el gran mérito de acompañar un proceso histórico como un emblema de lo que fue la represión militar en 1955 que en 1976 se repite con el mismo criterio, es decir, la represión es ilegal. Entonces, el libro tiene esa cualidad que tienen los libros buenos, que son leídos en contextos muy diversos. Esa lectura ha modificado la lectura de Walsh, en el sentido de que no se ve toda esa tradición previa donde la idea de margen es también la idea de un margen interno al *establishment*, al sistema.

CH: Volviendo al tema del ajedrez y a un autor tan interesante como Chandler, alguna vez afirmaste que *The Long Goodbye* era probablemente la mejor novela del género policial.

RP: Creo que sí. Luego he leído otras novelas policiales que me han gustado muchísimo, pero esa novela es extraordinaria.

CH: ¿Por qué no la utilizamos como excusa para hablar del género policial negro? ¿Qué ves en esa novela que te resulta tan significativo para el género?

RP: Me parece que hay ahí un movimiento que supone un límite al cual Chandler está en ese sentido apuntando, y es que el detective se implica en la historia. Porque tiene un amigo, que después lo traiciona, está todo ese código de la amistad entre hombres, entonces termina por ser una historia en la que Marlowe está muy implicado, y por lo tanto una historia que también es la suya. En realidad es la historia de una amistad. El detective cambia su régimen de intervención, se implica. La otra cuestión que yo creo que cualquiera percibe inmediatamente es la prosa de Chandler, una especie de ironía romántica extraordinaria en el tono de esa prosa. Si hablamos del género de un modo, o como un punto de partida de una discusión más que un cierre, desde luego el género cambia por las mismas razones que estamos diciendo y que están implícitas en la discusión de Borges con Callois. Cambia por motivos internos y formales, como diría Borges, por la propia lógica interna de que las fórmulas y la resolución del enigma en la tradición inglesa ya se han vuelto tan estereotipadas que cualquier lector aprendió y ya sabe lo que pasa, de manera que el género tiene que cambiar. Y de hecho cambia con Hammet que pone el género en otro registro completamente distinto y básicamente cambia de lugar el enigma. El enigma deja de ser importante. No sé sabe muy bien al final lo que están buscando. Hay un crimen o hay un criminal, en fin, hay una idea que pertenece exclusivamente al género, pero deja de estar en el centro. Segundo punto, el género en esa vertiente, está escrito por escritores —muchos de ellos— muy ligados al Partido Comunista, muy ligados a la izquierda, como David Goodis o Jim Thompson, como el propio Hammett. Empiezan a plantear que la verdadera razón por la que ocurren los crímenes es porque la sociedad está corrupta, y entonces eso se ve en *The Long Goodbye*, en la novela de Chandler, donde hay todo ese mundo de ricos, y de hombres poderoso, que están manipulando. De modo que, hay un cambio en la estructura narrativa porque cambia la perspectiva de la narración, y yo asocio ese cambio a la publicación de "The Killers". Yo creo que Hemingway tiene mucho que ver en la definición del estilo, y de ese tipo de relato. Pero también hay razones que tienen que ver con las condiciones de posibilidad sociales. Qué es lo que pasa en Estados Unidos con la ley seca, con la Gran Depresión, y también lo que está pasando con la industria de la cultura de masas con el surgimiento de la *pulp fiction* y de las revistas baratas que se venden a precio bajísimo. Como *Black Mask*, donde ellos en realidad escriben el género. De modo que otra vez empiezan a funcionar, no está ligado ya al periodismo como le pasaba al género en su origen con Poe, sino que está ligado a la producción de la industria cultural que ha empezado a producir lo que luego serán los libros de bolsillo. Revistas o pequeñas colecciones que tienen un formato estable. Chandler se queja mucho de eso, todos ellos, porque tienen que tener una cantidad fija de páginas. Trabajan en condiciones de producción que son también diferentes a las producciones de la tradición clásica. Entonces, una intención de cambiar el género por su amaneramiento y por su repetición de fórmulas, una colocación diferente de los escritores en relación con el mercado, una conciencia social generalizada, porque en los 30 todos los escritores norteamericanos importantes estaban cerca de la izquierda. Después todo cambia, pero en ese momento la literatura social está muy presente. El género también está acompañando un movimiento que tiene que ver con la denuncia de la situación social.

JL: Pensando en estos textos como desvíos de la novela tradicional quisiera preguntarle sobre los usos de la novela policial en obras que no son propiamente del género, como en los textos de Saer, Bolaño, Calvino, García Márquez, Pynchon, para nombrar sólo algunos. ¿Cómo ve la evolución del género en el siglo XX?

RP: Es muy interesante eso porque también Nabokov, Gombrowicz, Gadda —el italiano—, en fin, hay muchísima gente que ha estado conectada con el género. El género trabajado con mayor autonomía respecto a sus propias leyes, porque ha crecido de un modo tal que ni siquiera hoy existe ya aquel mito de que la novela policial debía obedecer a ciertos criterios distintos. Sin embargo, mantiene a veces de un modo fantasmático, las tres relaciones básicas: detective, asesino y víctima. A veces descarta a uno de ellos, trabaja con dos de ellos solamente. A veces, y desde luego, uno podría imaginar que la historia es un poco la que yo proponía como hipótesis en el curso, que el detective es el centro en la novela inglesa clásica, y que el criminal es el punto de interes con la novela que empieza con Hammet y luego la víctima, por ejemplo en David Goodis. Por eso yo les llamo "ficción paranoica" al estado del género y también a su origen. No se trata de usar criterios psiquiátricos sino hablar de un tipo de relato que trabaja con la amenaza, con la persecución, con el exceso de interpretación, la tentación paranoica de encontrarle a todo una razón, una causa.

CH: Aquí parece apuntar a la relación entre el género y la lectura. Porque el género parece haber creado una especie de lector, un lector paranoico. Borges decía que Poe había engendrado un nuevo tipo de lector, alguien que llega al *Quijote* y lee "en un lugar de la Mancha" y empieza a sospechar, empieza un juego de suposiciones... Y que luego lee, "de cuyo nombre no quiero acordarme" e inmediatamente se pregunta ¿por qué no quiere acordarse el narrador de este lugar? ¿Me está intentando engañar? Y se responde a sí mismo, "¡bueno, porque sin duda este narrador es el culpable o el asesino!". Entonces podría pensarse que se crea una especie de lector delirante. Y paulatinamente ese lector delirante, que está pensando todo el tiempo que el texto lo está engañando, se transforma en el lector que ahora es común. Es decir, uno lee cualquier texto y activa todos los mecanismos de la sospecha.

RP: Es buenísima esa idea. Es decir, que ciertos protocolos y ciertos usos de la discusión sobre las fronteras culturales no son sobre aspectos literarios, que están ligados a Paul de Man, a Derrida, a lectores muy sofisticados, en realidad serían como ejercicios involuntarios del efecto del género policial. Un lector que sospecha, que desconfía y busca pistas. Un lector paranoico.

6. CONVERSACIONES EN PRINCE-TON

Con Arcadio Díaz Quiñones y sus alumnos del seminario, en la Universidad de Princeton, abril de 1998.

Arcadio Díaz-Quiñones: En nuestro seminario nos preguntamos cómo estudiar a un autor contemporáneo. En ese marco, hemos leído sus textos. Nos gustaría saber más, sin embargo, de las formas de su inserción en la vida intelectual y cultural, y concretamente de su trabajo docente. Durante los años de la dictadura argentina usted dictó seminarios privados a estudiantes universitarios en Buenos Aires. Después, ha tenido una larga experiencia en la Universidad de Buenos Aires y en sucesivos "exilios" en instituciones como Princeton y Harvard. Obviamente se trata de condiciones y contextos muy distintos. ¿Podría hablarnos de esa práctica docente y de la significación que ha tenido para usted como crítico y escritor?

Ricardo Piglia: Bueno, tiene una importancia que he ido descubriendo con el paso del tiempo. Como sabrás, uno va entendiendo lo que hace a medida que avanza. No es algo que se planifique. Nadie planifica claramente el tipo de vida que va a tener. Ahora, si pienso en lo que he hecho hasta ahora, diría que básicamente uno enseña lo que hace. No se puede pensar que la enseñanza es algo autónomo, como si hubiera, digamos, "una carrera docente" que estuviera por encima de la experiencia que el profesor elabora a partir de lo que hace. En este caso, para mí se trata de enseñar un modo de leer.

Si sobre algo se han construido, digamos así, mis debates y mis intervenciones en distintos registros de la enseñanza, han tenido que ver con la discusión sobre modos de leer y con la presunción de que los escritores tienen una forma de leer que todavía no ha sido lo suficientemente analizada en el marco de lo que podríamos llamar la historia de la crítica o la historia de las lecturas. Quizá hay una particularidad ahí que tiene que ver con algo que es un efecto del hecho de que uno cuando escribe lee de otra manera y esa lectura quizá se puede transmitir.

En este sentido, yo no diría que soy un crítico, en todo caso soy un escritor y un profesor, y en el cruce de esa doble práctica se produce una forma específica de crítica literaria, un tipo particular de relación con la literatura que escriben los otros. Por eso en toda mi experiencia como profesor, siempre he tendido a pensar en esta actividad como tal, no como algo subsidiario, sino como una suerte de laboratorio de prueba de hipótesis y de modos de leer y de investigaciones específicas, como un género diría, en el sentido de que he preferido siempre dar cursos sobre el siglo XIX, por ejemplo, sobre los orígenes de la novela, sobre historia de las formas, es decir sobre temas a la vez ligados y extraños a mi práctica personal; he preferido siempre, quiero decir, dar cursos académicos, con estructuración académica, y en el interior de ese espacio desarrollar un tipo específico de lectura y de posiciones críticas. No he pensado nunca mi trabajo como lo que habitualmente en la Argentina se llama talleres, o en Estados Unidos se llama *workshop*. He trabajado con escritores, con jóvenes escritores, con jóvenes críticos; he hecho algunos *workshops*, pero en todos esos casos he trabajado campos de investigación, con un criterio que no estaba ligado a lo que habitualmente se hace cuando un grupo se reúne y produce textos y discute con el escritor esos textos.

Al mismo tiempo, esa práctica mía ha tenido una historia que está acompañada por la historia de mi país, en el sentido de que yo soy de una generación que cuando empieza su carrera se encuentra con la universidad ocupada por los militares. Yo empiezo a enseñar en la universidad a fines del año 63, empiezo a tener mis primeras experiencias en el año 64-65 en la cátedra de historia argentina con Enrique Barba, y en el 66 viene el golpe de Onganía e interviene la universidad. Por lo tanto, toda mi generación, no solamente los escritores, sino que mis compañeros de generación de promoción universitaria y mis compañeros de generación que se dedican a la crítica han estado fuera de la universidad, porque la universidad cerró el acceso hasta avanzados los años 80. De modo que los veinte años en los cuales uno hace su experiencia básica fueron años en los cuales la universidad estuvo clausurada. En Buenos Aires se inventó un sistema que tiene una tradición bastante peculiar, que consistió en que empezaron a proliferar cursos privados, una universidad alternativa diríamos ahora, porque en los países del Este sucedía algo parecido, por lo que yo sé, en Checoslovaquia, en Polonia. En fin, que los profesores que tendrían que estar en la universidad formábamos a la gente fuera de la universidad, y la gente que venía a los grupos nuestros son ahora los que están en la universidad. Y ese modo de enseñar, en mi caso, definió el campo de trabajo y la perspectiva crítica.

Ese sistema tenía características bastante extraordinarias, en cierto sentido un poco medievales, diría yo, porque los estudiantes venían, ponían ellos el dinero para sostener a los profesores. Entonces había ahí un interés que no era el interés curricular, era la pura pasión que llevaba a los estudiantes a acercarse a estos profesores para formar con ellos grupos de investigación. En mi caso, esos grupos estuvieron siempre configurados por jóvenes escritores, investigadores, críticos, historiadores. Fueron grupos mezclados, y eso le daba una característica interesantísima al debate, porque había algunos que querían ser novelistas, y otros críticos o investigadores. Mi experiencia en la Universidad de Buenos Aires es relativamente reciente, porque recién cuando las cosas comienzan a mejorar en la universidad, muchísimos de nosotros somos convocados y volvemos a enseñar. En la Universidad de Buenos Aires tengo un seminario que llamo "Poéticas de la narración", que es un intento de crear ese espacio de lectura de un escritor como alternativa a otro tipo de enseñanzas que se están haciendo simultáneamente en la universidad. Más de cuarenta por ciento de los estudiantes que se anotan en la carrera de letras quieren ser escritores, y la Facultad no les da ninguna respuesta. A mi juicio, la respuesta no tiene que ser un taller, tiene que ser un tipo particular de formación que complemente la formación clásica. No se trata de aislar a esos estudiantes, sino de integrarlos y de inducir cierta formación específica.

La cuestión es cómo se forma un escritor, que es un debate muy interesante y uno puede releer desde ahí toda la historia de la literatura. En principio se forma leyendo... ¿pero qué tipo de lectura es ésta? Yo creo que ése es el punto fundamental. Un modo de leer, un modo de usar los textos, una posición frente a las tradiciones. Pero bueno, esos cursos que yo doy en la Universidad de Buenos Aires tienen ese objetivo y a la vez tienen las características de los cursos académicos. Son cursos que tienen esta mirada, pero están estructurados con las mismas características de los cursos que paralelamente se dictan. Se trata de trabajar en el interior de un género, digamos, y establecer ahí la diferencia. Básicamente hay que trabajar en la tradición. Por ejemplo, he dado seminarios de un año sobre las lecturas de Lugones, sobre Borges como crítico, sobre las teorías de la forma breve. En ese marco se discuten cuestiones múltiples, cuestiones actuales.

Por fin, las preguntas son un poco largas, voy a tratar de ir rápido, porque esto es como mi vida sintetizada, ¿no? Después, mi experiencia en los Estados Unidos, que es una experiencia que empieza hace muchos años. Vine por primera vez a los Estados Unidos a enseñar en el 77, en la Universidad de California en San Diego, un poco para salirme del Buenos Aires de la dictadura porque había algunos problemas, por supuesto que muchísimos, pero en mi caso empieza a haber algunos problemas o algunos signos medio

inquietantes y entonces me voy. Allí están Jean Franco
y Joe Sommers y otro grupo de gente muy interesante
en ese momento ahí, y entonces ellos me invitan, y
voy de *visiting*. Descubro lo que son las universidades
norteamericanas, descubro las bibliotecas norteamericanas, el tipo de trabajo que se hace en las universidades norteamericanas, y encuentro ahí una cosa que
para mí tiene que ver con mi experiencia en Princeton. Encuentro lo que yo en broma llamo el *espacio
contra-público*, porque uno habla del espacio público y
del espacio privado.

No se trata de un espacio privado ni de un espacio
público, porque no es el espacio público que yo conozco en Buenos Aires. Es un espacio contra-público
en el sentido de que encuentro en las universidades
norteamericanas paradójicamente el mismo tipo de
autonomía con respecto a las demandas y a los debates
públicos que encontraba en las culturas alternativas en
las que me formé en los años 60, donde nosotros discutíamos una serie de cuestiones antagónicas a la discusión de los medios y estábamos totalmente ajenos
a lo que podríamos llamar la institución y el *establishment* literario y al orden del día de la discusión pública. Discutíamos otras cosas y desde otro lugar. Todo
eso, al menos en la Argentina, se ha clausurado, todo
el mundo discute los mismos problemas, desde posiciones y estilos distintos quizá, pero el orden del día
del debate público lo deciden los medios y el estado.
Parece imposible cambiar de conversación, todo gira
sobre los mismos temas. Ahora que lamentablemente

el *establishment* literario parece ser el único lugar disponible, el que marca los temas y define el espacio de debate, ahora que todos los escritores, tarde o temprano, terminan en el *establishment* literario, ¿no?, hasta los suicidas... es cada vez más difícil escapar de ahí, muy difícil encontrar un espacio contra-público. En los países nuestros, cruzados por los procesos de internacionalización y de concentración de la industria cultural y de ciertas tendencias muy agudas a la endogamia y al provincianismo (son siempre los mismos los que hablan de lo mismo) parece muy difícil conseguir un lugar para construir una reflexión ajena a las modas y a las demandas externas y elaborar con un tiempo propio las variantes y las transformaciones de una poética propia. He encontrado ese espacio, paradójicamente, en las universidades norteamericanas, aparte de las condiciones de trabajo, las bibliotecas, los estudiantes, he encontrado una suerte de lugar neutro en el que es posible trabajar y seguir la consigna de Joyce, de Dedalus: "silencio, exilio y astucia". Entonces es un exilio —porque la pregunta lo plantea como un exilio— es un exilio en el sentido que un escritor es siempre un exiliado, siempre busca un espacio extra-local para pensar su tradición. Lo difícil a veces es hacerse invisible, porque vivimos en una sociedad de vigilancia y transparencia, que en la cultura quiere decir una sociedad de la exhibición pública y de la opinión estereotipada. A veces es imposible ser exiliado en el propio país y el riesgo es terminar enganchado en los debates de la cultura dominante, aunque sea como contrafigura ("el malhumorado de izquierda", "el escritor secreto", "el provocador profesional", "la novelista ignorada", "el poeta maldito"); parece que ya no hay lugar para escapar de la escena pública. Borges me parece un buen ejemplo, ¿no?, que terminó como una especie de bonzo, como una especie de mártir de los medios, terminó entregándose pasivamente a la exaltación general diciendo cualquier cosa en cualquier lugar... Como dice Saer, terminó diciendo chistes en los diarios. Terminó siendo un viejo que decía chistes en los diarios. Entonces hay que tener mucho cuidado, no de convertirse en un viejo, ni de decir chistes, pero en lo posible no solamente decir chistes en los diarios.

En principio yo diría que el balance que puedo hacer en relación con esta pregunta tiene que ver con eso. Por otro lado, es otro tema, a mí me interesa mucho la experiencia digamos pedagógica de la literatura, hay como un oxímoron en la idea de una pedagogía de la literatura, es como decir una didáctica del alma, parece una broma, pero ahí está creo lo interesante y por eso me parece muy atractiva la imagen del escritor como profesor. El costado pedagógico de los escritores me interesa mucho. Brecht. Me interesan mucho los escritores que tienen una posición didáctica, digamos: Brecht, Borges, Pound, que están siempre bajando línea, de poética, pero de poética, no de otra cosa. Cómo leer, cómo se debe leer, cuáles son los textos buenos, cuáles son los textos que no sirven, contra qué hay que leer.

Noel Luna: En este fin de siglo se hacen cada vez más visibles dos relatos de la crisis que desde el auge de las vanguardias han transformado el mundo académico y el literario. Me refiero a los debates sobre "la muerte de la literatura" y el supuesto agotamiento de la especificidad de la crítica y los estudios literarios. ¿Dónde sitúa hoy Ricardo Piglia a la literatura y a la crítica?

RP: En relación a la muerte de la literatura... yo diría que la muerte de la literatura tiene dos entradas. Hay un camino hacia la muerte de la literatura que ciertas poéticas postulan, la vanguardia básicamente. La muerte de la literatura es ir a la vida. Es una fantasía clásica, digamos, que recorre toda la polémica actual sobre los lugares de la literatura y que empieza en Baudelaire y llega hasta la Beat Generation. Está muy cerca de los debates de las poéticas actuales. Esa fantasía extraña de los escritores de dejar de ser escritores o de conseguir una experiencia que sea más intensa que lo que se supone que es la experiencia de la literatura. Entonces la fantasía de la muerte de la literatura es como el acceso a lo real mismo. Por supuesto estoy en contra de esa posición, en el sentido de que para mí es mucho más interesante la literatura que la vida. Primero porque tiene una forma mucho más elegante, y segundo porque es una experiencia mucho más intensa. Para mí la literatura es una de las experiencias más intensas que conozco, sobre todo en esta época, en la que habría que ver qué debe entenderse por "la vida" —habría que matizar la definición de experiencia ¿no? Esa tensión entre literatura y vida ha sido clásicamente, desde Cervantes, desde Flaubert, el tipo de debate que ha desarrollado la novela (la novela es ese debate en realidad). Y por eso se puede encontrar esta cuestión en escritores que uno admira muchísimo, en Kafka, por supuesto, en Faulkner, en Proust, pero también en Hortense Calisher, en Sylvia Plath. Todo este asunto de qué quiere decir ser un escritor, qué quiere decir dedicar la vida a la literatura. ¿Qué es lo que uno se pierde? Entonces la muerte de la literatura es a menudo un sacrificio que ciertos extraordinarios escritores han hecho en beneficio de algo para lo cual la literatura no sería sino el acceso. Rimbaud sería otro ejemplo fantástico de esta posición. Esa es una.

Otra es lo que la sociedad hace con la literatura, que lo que intenta es matarla. Creo que la política de la sociedad en relación con la literatura es sacarla de ahí. Yo siempre digo en broma —y lo he dicho con muchos de ustedes— que esta sociedad no inventaría la literatura si no la hubiera encontrado hecha. No se le hubiera ocurrido a la sociedad capitalista inventar una práctica tan privada, tan improductiva desde el punto de vista social, tan difícil de valorar desde el punto de vista económico. Digo la producción del sujeto que en su casa, con medios que él mismo puede controlar, que es una cosa que a la sociedad no le gusta nada, porque en definitiva lo que hace falta es comprarse un *block*, papel y un lápiz... En la medida en que el sujeto es dueño de esos medios, la sociedad mira eso con desconfianza —digo la lógica misma del funcionamiento de la sociedad, no digo los sujetos aislados, sino la sociedad, esto ya Marx lo discutió—, la sociedad no puede entender ese trabajo improductivo, no puede entender algo hecho sin interés económico. El arte sería contrario a esa lógica de la racionalidad capitalista. Y, por lo tanto, la muerte de la literatura sería algo a lo cual esta sociedad aspira. También aspira a que la literatura salga del centro de la discusión, y creo que ha conseguido en parte lograrlo. Me parece que si nosotros vemos lo que pasaba en los debates que recorren la historia, con Sarmiento o Martí o Rodó, pensamos en las figuras que fueron construyendo ciertos espacios de discusión política en América Latina, y miramos lo que pasa ahí, nos vamos a dar cuenta que la situación ha logrado desplazar los focos de debate o desplazar al menos la función de ciertos usos del lenguaje en los debates sociales. La crisis de los intelectuales como voceros, la figura dominante del especialista y del técnico, del periodista como ideólogo, ha desplazado por completo la tradición del poeta como vocero de la tribu. Podemos discutir o ridiculizar lo que significó esa tradición, la tradición de Lugones, Alfonso Reyes, Martínez Estrada y sus alianzas y sus diferencias con el estado, pero es evidente que la literatura formaba parte del discurso público. No sé si hay que lamentarlo, pero la sociedad ha borrado ese lugar, se ha sacado la literatura del medio, y la ha sustituido por la televisión. Ha desplazado los lugares de enunciación de la tradición intelectual y de sus problemas hacia la cultura de masas. Quizá ahora que la literatura en este sentido ha muerto, se pueda por fin, escribir. La muerte de Octavio Paz podría entenderse como la muerte del último que intentó conservar una función que la sociedad había perdido y la conservó a cambio de perderlo todo, a cambio de excluir la literatura para conservar la figura pública del escritor como ideólogo. Paz era en este sentido una figura anacrónica, obviamente, una especie de Lugones fuera de estación. Todos hacían de cuenta que lo oían porque era un poeta, pero en realidad es obvio que Paz no fue otra cosa que un periodista, sobre todo eso, un gran periodista, un excelente divulgador de teorías y de hipótesis que entendía mal y trasmitía bien. Y fue el primer intelectual de nuevo tipo, digamos, el primero que se dedicó sistemáticamente, no a crear focos de discusión alternativos y contrapúblicos, sino a reproducir, a legitimar y a "modernizar" los temas y las cuestiones que quería imponer el estado y que preocupaban a la cultura dominante.

Ahora, en relación con la crítica, pareciera que la sociedad ha desarrollado de una manera excesiva todas las artes de interpretación de ese objeto que se fuga y que desaparece. Es como si la literatura, lo que justifica que estemos aquí, lo que justifica que existan cátedras de literatura, carreras en literatura, becas para estudiar literatura, congresos de literatura, revistas literarias, profesores, todo eso está sostenido por una práctica que parece que es muy inestable y casi invisible. Pareciera que si fuera posible sacarla y mantener todo ese campo de estudio como un espacio muerto, sin presente, sólo la historia y la tradición, sería seguramente mucho más productivo desde la óptica social, más firme, más acotado. Y muchas tácticas críticas tienden a hacer eso. Tienden, desde posiciones que se suponen progresistas, a sacar a la literatura del juego y a convertirla en un síntoma más de una serie de documentos sociales que circulan con el mismo estatuto que la literatura. La crítica tiende a ver a la literatura como un síntoma, como un síntoma de otra cosa. La literatura no es un síntoma de otra cosa. En todo caso es el síntoma de la sociedad, el lugar donde la sociedad manifiesta algo que no puede resolver, que sería esta tensión entre la producción y la circulación, entre el dinero y el tiempo libre, entre la cantidad de tiempo que hace falta para hacer una obra y cuánto vale eso. Son cuestiones que la sociedad no puede resolver. Entonces la crítica a veces se pone del lado de esa racionalidad.

Yo creo que muchas de las cuestiones que se están discutiendo ahora, ciertas posiciones críticas, tienen mucho que ver con la racionalidad social, aunque todos lo hagan en nombre de una suerte de posición progresista de izquierda, de izquierda académica. Por mi parte, valoro mucho a la crítica literaria y leo con muchísimo interés a los críticos que me interesan. Los leo con interés como escritor y los leo con interés porque aprendo mucho también, de críticos como Auerbach, como Szondi, como Vernant, y sobre todo

de Iuri Tinianov, que es un crítico que me interesa
desde siempre, porque Tinianov es clave; él funda la
línea de la que vienen Benjamin, Bakhtine, Mukarovs-
ky, Uspenski. Lo más interesante de la crítica moderna
ligada al marxismo y en polémica con el marxismo y
con la vanguardia viene de ahí. Yo digo siempre que
el texto de Tinianov sobre la evolución literaria es el
Discurso del método de la crítica literaria, en el sentido
de que pone los problemas del debate sobre la historia
de las formas y sobre la tradición y sobre qué quiere
decir la función social de la literatura y su función "específica" y su función histórica. Bueno, también aquí
me parece que podríamos seguir conversando, pero
en principio sería esto. Tinianov como alguien que
intenta, de una manera muy complicada para él también, establecer una conexión entre formas y prácticas
—no sólo una conexión diría, sino pensar la literatura
desde la forma, pero socializando ese debate, usar las
formas y su historia para discutir los contextos no
verbales y las formas de vida (el *byt*, como lo llamaban
los vanguardistas rusos). Para mí, él es un punto de
referencia central. Lo enseño desde hace treinta años;
también a otros, filomarxistas, siempre los mismos en
realidad (Benjamin, el primer Lukács, Berger), pero él
es un punto de referencia muy importante y siempre
que puedo lo leo, lo enseño y lo discuto porque me
parece que muchas de las cuestiones que la crítica debate cada temporada —cuando hay un desfile de moda
francesa tal, y al año siguiente viene otro modisto—
me parece que Tinianov está siempre cerca de esos

debates. Estaba cerca del debate del estructuralismo, estaba cerca del debate de la deconstrucción, y ahora está cerca del debate del new historicism y cerca de los debates actuales sobre política y literatura.

Arcadio Díaz-Quiñones: Me interesa su trabajo como editor de colecciones de policiales de la serie "negra" y la forma en que se relaciona con su propio uso y transformación del género en sus cuentos y en sus novelas. ¿Podría hablarnos sobre ese aspecto de su producción? Al mismo tiempo, nos interesaría saber algo sobre el papel de los editores en su propia producción. ¿Cómo ha ido cambiando en estos años su relación con las editoriales, el mercado y los editores?

RP: También es una pregunta que recorre toda mi vida. Por supuesto que mi relación con el género ha sido diferente a lo largo del tiempo. Yo propuse una colección de novelas policiales a la editorial que había publicado mi primer libro, con la que ya estaba trabajando, lo cual da una pauta de cuál era la situación de un escritor joven, digamos, hacia 1965. Es decir, el editor que editaba mis libros me daba trabajo, y yo estaba haciendo con él una colección de clásicos. Habíamos publicado *Robinson Crusoe* traducido por Cortázar, una traducción de Cortázar que se había perdido. Estábamos en ese proyecto. Entonces yo, que venía leyendo desde mucho tiempo antes literatura norteamericana, y que leyendo literatura norteamericana había encontrado el desvío hacia el género policial, que para mí era como un desvío, era algo que venía de Hemingway, no era nada raro para mí encontrarme con Hammet o con Chandler o con Cain. En principio no los leía como sujetos de un género. Los leía como una manera de transformar el debate sobre qué quiere decir hacer literatura social, que fue lo primero que me interesó en el género, porque me parece que el género policial da la respuesta a un debate muy duro de los años sesenta, de la izquierda, digamos, que era qué tipo de exigencias sociales le eran hechas a un escritor.

Entonces el género policial era una respuesta muy eficaz hecha por escritores, muchos de ellos con mucha conciencia política como en el caso de Hammet, que era un escritor próximo al partido comunista, afiliado de hecho al partido comunista. Es decir, encontrar ahí una tradición de izquierda que no tenía que ver con el realismo socialista, ni con el compromiso ni con la teoría del "reflejo" en el sentido de Lukács, sino con una forma que trabaja lo social como enigma. No era un simple reflejo de la sociedad, sino que traficaba con lo social, lo convertía en intriga y en red anecdótica. De modo que yo encontraba un género muy popular que estaba elaborando cuestiones sociales de una manera muy directa y muy abierta. Ese es un elemento que a mí me marcó muchísimo en mi concepción de la literatura y su función, digamos, y la manera en que un texto puede trabajar problemas sociales y políticos. Cortó totalmente con la teoría del compromiso y con la poética del realismo a la Lukács, que era lo que en verdad definía el espacio de la literatura de izquierda en los años sesenta y que hacía que no se pudiera leer a Borges y que no se pudiera leer a tantos escritores.

Juntamente con eso, el otro elemento que para mí es muy importante en el género —y esto es una herencia de Borges—, es la construcción de una trama que Borges lee de una manera y que en mi caso tenía que ver con el modelo del relato como investigación que a mí me interesa mucho. Si yo he hecho algo con el género, ha sido trabajar el modelo de la investigación fuera del esquema del delito: poner la investigación como forma en relación a objetos que no tenían por qué ser criminales en un sentido directo. En el caso del "Homenaje a Roberto Arlt", ese traslado supuso pensar la literatura ligada al robo y a la propiedad, ciertas cuestiones claves como la apropiación, el plagio, la estafa, la falsificación, la noción de delito, trabajados en el marco de algo que tenía que ver con el género policial y con la crítica literaria. En *Respiración artificial*, me parece que lo que unifica ese libro es que todos están investigando algo. Yo me di cuenta de eso después que terminé de escribirlo. Pero evidentemente todos los personajes tienen un objeto de investigación que los alucina.

Ahora, por otro lado, había una lectura profesional del género, leía muchísimas novelas para seleccionar un conjunto, una serie que se pudiera traducir y publicar. De hecho no existía una colección de novela negra en lengua española, por lo tanto yo leía a la vez toda la historia del género y también leía las novelas que se estaban publicando en ese momento, a fines de los 60. El trabajo del lector para construir una colección es un tipo de lectura interesante comparada con otras formas de leer, por ejemplo, la forma de leer que podemos tener en un seminario, las lecturas obligatorias que uno tiene que hacer a veces de los textos, para formarse, porque es una lectura obligatoria profesional, rara. Hay un juicio de gusto y también un juicio de género, digamos, cómo funciona este libro, no sólo para mí, sino para un lector del género. Y a la vez es una lectura interminable, me pasaba los días leyendo novelas policiales. Por ejemplo, para tener quince o veinte títulos contratados, uno tiene que leer trescientos libros. De modo que es una lectura antes que nada cuantitativa. Yo me pasé cerca de dos o tres años leyendo casi exclusivamente novelas policiales, tenía la casa llena de libros, me llegaban cajas y cajas, ediciones baratas: los Gold Medal Books de los años cincuenta, los *paper* de la Ace Books. La producción del género es masiva, mucho más masiva de lo que ustedes pueden imaginar, la cantidad de novelas policiales que se publican, la cantidad de escritores que hay. Para moverse en ese fárrago y encontrar ahí algo que uno considere que puede publicarse, hay que leer muchísimo. Hay una lectura que es una lectura profesional, diría yo, muy específica del *editor*, a la vez interminable y muy selectiva.

Uno aprende a leer rápido ahí, dos o tres libros por día, con un informe, y llevaba unas fichas para no perderme, porque hay autores muy disparejos que tienen grandes novelas y libros pésimos, narradores como Ed

McBain tiene cien, ciento cincuenta libros, escritos con varios pseudónimos. Se aprende enseguida cómo funciona el género. Por ejemplo, una novela policial en general es buena en las primeras veinte páginas, porque el escritor tiene la posibilidad de plantear, sin estar muy atado todavía a la trama, lo que yo llamaría —y es algo que forma parte del género— el "ambiente", el escenario de la historia. En general las novelas policiales eligen un ambiente bien definido, por ejemplo, el ambiente de la universidad de Princeton. Entonces el narrador tiene la posibilidad de hacer una pequeña investigación sobre cómo funciona una universidad. Después mete un muerto ahí. Entonces, el comienzo del libro, en general, es la entrada del detective en ese espacio nuevo, que pueden ser los tintoreros japoneses de Buenos Aires o los profesores, vamos a decir, de literatura alemana de Princeton, mejor. La entrada, habitualmente, tiene siempre un atractivo, un interés, porque se da a conocer cierta información sobre un mundo determinado. Después, cuando tiene que trabajar con la anécdota y con la historia, ahí la cosa se pone esquemática y habitualmente los libros que no son buenos se pierden. Es un tipo de lectura muy técnica, la que uno hace, la lectura de un experto digamos, de alguien experimentado en un tipo de relato. Sería interesante compararla con otro tipo de lecturas posibles de la ficción y de los géneros.

Por fin, la relación con los editores obviamente que ha ido cambiando. De aquel editor joven, de aquel editor muy independiente, Jorge Alvarez, que publicó

primeras novelas de escritores argentinos, la primera
novela de Puig, el primer libro mío, el primer libro
de Rodolfo Walsh, el primer libro de Germán García,
en fin, y que puso en crisis el estatuto de las editoriales grandes de aquel tiempo, Losada, Emecé y Sudamericana, que eran las grandes editoriales argentinas
que venían publicando Borges, Cortázar, Neruda, As-
turias... Puso, digamos, un tipo de editorial con un
perfil más moderno, muy agresivo y que, al mismo
tiempo, cobijaba a los jóvenes escritores a su alrededor
y les daba trabajo, y todos, en algún sentido, estábamos trabajando con él, porque quería que tuviéramos
tiempo libre para escribir las novelas que quería pu-
blicarnos. Este editor después se dedicó al rock. En
realidad fue el primero que organizó un concierto de
rock en español en Buenos Aires; era un tipo realmente fantástico, muy creativo y terminó por abandonar
la literatura por el rock, lógicamente, se convirtió en
el primer editor de discos de rock en la Argentina. De
esa experiencia, que también era la experiencia de una
editorial alternativa ligada a un espacio cultural que
estaba en polémica con el establecido, yo fui en todos
estos años "avanzando", entre comillas, hacia editoriales más establecidas. Después publiqué en Sudamericana, que es una gran editorial pero que tiene una
tradición de ser de una familia de editores. Ellos han
sido los editores de *La vida breve*, de *Adan Buenosyares*,
de *Rayuela*. Hay que imaginar lo que era recibir una
novela como ellos recibieron ese libro y decidieron
publicarlo. Hoy sería imposible imaginar que alguien

apenas conocido como Cortázar, que había publicado tres libros de cuentos y tenía un prestigio en un
círculo muy restringido, pudiera publicar una novela
de setecientas páginas, si no fuera porque el editor era
alguien que tenía la idea de lo que debe ser un editor.

Hoy vivimos una realidad absolutamente distinta. Por supuesto ningún editor editaría hoy un libro
como *Ficciones* de Borges. Muy difícil, muy intelectual,
y encima son cuentos, el autor además es conocido
como poeta y como el autor de pequeños ensayos
herméticos y extravagantes. Eso diría el informe de un
editor hoy, sobre un libro como *Ficciones*. No es nego-
cio. La situación está muy difícil. Un escritor siempre
tiene tensiones con el editor, pero ahora me parece
que esa tensión se agudiza, que todos estamos apren-
diendo a negociar en una situación nueva. También
éste sería un tema para desarrollar: ¿qué pasa hoy con
un escritor que trabaja y quiere publicar sus libros en
medio de un proceso de concentración, con editoriales multinacionales muy poderosas, y qué posibilidades de negociación existen? La experiencia del Premio
Planeta fue obviamente una decisión mía de intervenir, de pelear en ese campo, digamos. Los premios,
obviamente, son una manifestación pura de la lógica
del mercado. Realizan directamente lo que el mercado insinúa; establecen una jerarquía fija, deciden que
un libro es "mejor" que otro, y en ese sentido son la
antítesis de la literatura, que es un espacio fluido, sin
poder, donde los textos entran y salen de la lectura sin
ningún sistema que los legisle. Y eso es lo que sucede

habitualmente cuando uno publica un libro, que el texto circula en un ámbito que obedece a otra lógica y el escritor tiene que entrar y salir; por lo menos yo tengo esa posición, la posición de una guerra de posiciones, digamos, moverse en distintos circuitos. Estar en los medios y también hacerse invisible, paso largos periodos sin publicar, largos periodos en los que me sustraigo de la escena pública y vuelvo al *under*, para decirlo así, me alejo, viajo en subte... En definitiva yo no hablo de mercado, hablo de cultura de masas. Me parece que mercado... es demasiado hablar de mercado. ¿Existe un mercado literario? No sé, me parece un oxímoron; existe una red de intereses ligados a la cultura de masas que hacen circular los libros. Me parece que lo que hay es una manipulación de la literatura por la cultura de masas, que produce una serie de efectos nuevos, que los editores están haciendo transas con la cultura de masas y que los grandes multimedios, como se dice ahora, también compran editoriales. Entonces creo que, en verdad, estamos enfrentando el mismo problema que enfrentó la vanguardia desde su origen: ¿qué hacemos con la cultura de masas?, pero ahora en otra dimensión, en una dimensión macro. La vanguardia ha sido siempre un pelotón de élite que usa una táctica de guerrilla frente al ejército de la *mass media* que avanza barriendo con la cultura moderna. Paradójicamente hoy la academia norteamericana es un lugar para escapar de la cultura de masas, es uno de los pocos que quedan. A la pregunta: "¿Por qué no te vas a una isla?". Yo contesto: "Bueno, me voy a la isla de Manhattan, en todo caso". No me iría a una isla desierta, quiero decir no me puedo ir a la misma isla a la que se iban los que se iban a las islas para escapar de la sociedad de masas. Me moriría de tedio en una isla. En una isla desierta no podría ni siquiera leer de lo triste que estaría, no podría ni siquiera escribir un rato. En cambio, ¿cuáles son hoy las islas para resistir a la cultura de masas? Ese es el punto. Porque ¿qué es la cultura de masas? Es la combinación de los canales de televisión y los grandes diarios que, al mismo tiempo, son dueños de editoriales. Esa es la situación, creo.

José A. Rodríguez-Garrido: El concepto de tragedia y su actualidad en el pensamiento moderno han sido centro de reflexión de muchos pensadores y escritores que usted ha frecuentado (Nietzsche, Lukács, Benjamin, Brecht, por ejemplo). Por otro lado, la acción narrada en su última novela, *Plata quemada*, aparece calificada como "una versión argentina de una tragedia griega" en el epílogo, o aludida en términos próximos a ella como "hybris" y "pathos". ¿Cuál cree usted que es la vigencia de lo trágico en la literatura y en la cultura modernas?

RP: Bueno, esta es una pregunta que me interesa muchísimo, en el sentido de que me interesa muchísimo este problema. Es una cuestión sobre la que siempre estoy en diálogo, podría decir. ¿En qué sentido me interesa esta cuestión? Me interesa porque me parece que hay un diálogo entre tragedia y novela, que uno puede ver el problema de la tragedia primero como el problema de un debate sobre la historia de los géneros. Porque la tragedia, la tragedia griega básicamente, tiene la particularidad de ser un género que nace y muere, que uno ve el momento histórico en que eso pasa y entonces allí hay un debate muy fuerte, que ha sido el debate sobre el cual se ha generado lo que podríamos llamar la prehistoria de la crítica literaria moderna: Nietszche y Kierkegard. El primer libro de Nietzsche y sus últimos ensayos son sobre este asunto. Para Nietzsche, Sócrates es el que destruye el universo trágico porque trae la ironía como visión del mundo; es el héroe no-trágico, es el intelectual en definitiva, y entonces el intelectual sería el que rompe con el mundo trágico; por lo tanto Nietzche es antisocrático, antiplatónico, en el sentido de ver ahí el momento en el que esta gran tradición comienza a dispersarse. Es sobre Sócrates, por supuesto, que Kierkegard escribe su primer libro *El concepto de ironía*, que también tiene que ver con esa discusión. Hay una tensión entonces entre tragedia e ironía, entre tragedia y mundo intelectual, incluso entre tragedia y novela, hay una serie de textos fascinantes sobre este asunto, de Lukács, de Benjamin, de Peter Szondi, incluso de Bajtin que ve en la forma de los diálogos platónicos, y en la figura de Sócrates, los orígenes remotos de la novela. Podríamos hablar mucho sobre eso, de qué pasa con el traslado de ese universo a la novela y cómo se puede discutir este problema. Al mismo tiempo, me interesa mucho el modo en que piensa la forma trágica

Jean Pierre Vernant, que es un crítico que yo leo con mucha pasión, que es un gran historiador de la tragedia griega y que tiene muchísimas ideas muy útiles para las discusiones nuestras en torno a problemas de contexto, de qué es un género, cómo funciona un género, la relación género-sociedad. Entonces, habría dos temas alrededor de la tragedia que son muy interesantes: uno es la historia de las formas, y el otro es la relación forma-sociedad, es decir por un lado cómo cambia, si es que cambia, y por otro lado qué hace un género, para qué sirve. Vernant tiene ideas fantásticas. Vernant plantea que un género discute lo mismo que discute la sociedad pero en otro registro. Vernant es el que dice: la tragedia está discutiendo lo mismo que está discutiendo la sociedad griega, pero en la diferencia está todo. Está discutiendo lo mismo, pero no es sólo un problema de temas; debaten la ley y el estado, pero hay una diferencia que define todo, de modo que una forma es un tejido social, un sistema de relaciones pero a la vez es una energía determinada, un corte extraño con el contexto. En definitiva, lo que dice Vernant es que la literatura descontextualiza, básicamente, borra las huellas de la época, deshistoriza, pero a la vez la forma es la historia misma, no existe sin la trama de cuestiones cotidianas y políticas que ese momento histórico específico discute y produce. Esa sería la primera cuestión. Después, habría un elemento más interno a la literatura misma, que sería cómo se puede definir la tragedia, para decirlo de algún modo. Yo defino la tragedia como la llegada de un mensaje enigmático, sobrenatural a veces, que el héroe no alcanza a comprender. La tragedia es un diálogo con una voz que habitualmente aparece ligada a los dioses o a la sombra de los muertos (es la voz del padre de Hamlet o la voz del oráculo), es decir, hay una frase hermética, escrita en una lengua a la vez familiar y sobrenatural, y hay un problema de desciframiento; pero el que tiene que descifrar tiene la vida puesta en juego en ese desciframiento. Entender un texto bajo peligro de muerte, una hermenéutica privada y paranoica. Una lectura en estado de gracia, pero también una lectura en estado de excepción. Nada es neutro es ese desciframiento. Todo se juega ahí, en el acto de entender. Ahí me parece que hay algo muy interesante. Habitualmente el héroe no comprende o comprende mal y por eso termina como termina. La tragedia dramatiza una interpretación y por eso tiene razón Nietzsche cuando dice que Sócrates atrae otro sistema de interpretación que mata la forma. Hay un asunto muy interesante ahí, me parece a mí: en esos juegos con la verdad, en esos discursos que llegan y que son avisos personales, enigmas, mensajes cifrados, que tienen que ver con el destino, con el futuro, y que alguien situado, porque ese discurso le está dirigido, trata de entender. Esa situación, que me parece que es la situación trágica, pone en juego un uso del lenguaje y de la pasión que por supuesto es totalmente premoderno, pero a la vez es muy actual y se renueva continuamente. Por otro lado, la tragedia pone este problema de lectura en términos de decisión, y, por lo tanto, establece una relación extraña entre lenguaje y acción, entre descifrar y estar en peligro. Descifrar es estar en peligro. Estas serían ¿no? una serie de cuestiones muy atractivas para un escritor: la presencia aterradora de una palabra hermética y verdadera, una palabra que cambia la vida, una palabra que tiene el poder de cambiar la vida.

En el caso de *Plata quemada*, se trataba para mí de sacar la historia del lugar inicial, cambiar el registro. La novela empieza con la crónica de unos maleantes de un barrio de Buenos Aires y avanza hacia una hecatombe trágica, vamos a llamarla así. ¿En qué consistió esa transformación mientras yo trataba de escribir el libro? Bueno, en que hay una serie de señales que ellos van recibiendo y que a menudo las entienden bien y que a menudo no las entienden, pero que a partir de ahí toman decisiones como si estuvieran frente al destino que les marca y les anticipa lo que tienen que hacer y que frente a ese destino van a actuar de acuerdo a una convicción, a una ley propia, que también es un punto de lo que podríamos llamar la escena trágica, es decir, que el héroe está frente a una opción imposible, porque tiene su sistema de valores propios y enfrenta un sistema de valores que se le trata de imponer y que no va a aceptar. Por eso nos atrae tanto, me parece, la escena trágica, porque el héroe es el que dice: "No voy a traicionar mis convicciones", a veces por motivos equívocos, pero siempre firme en esta tensión entre una ley pública que está ahí y la ley propia. En el caso de *Plata quemada*, esta ley por supuesto no era la que yo sostengo; no es que yo esté de acuerdo con que haya que matar gente por la calle como hacen estos personajes, pero sí estoy de acuerdo con que ellos son fieles a una ley propia y la llevan hasta el fin.

José A. Rodríguez-Garrido: En alguna oportunidad usted se ha referido al fragmentarismo como una característica de la narrativa contemporánea. Su propia obra, quizás sobre todo *La ciudad ausente*, asume en gran parte este rasgo. ¿Qué vínculos encuentra usted entre dicha característica y el contexto político e ideológico de la Argentina de este siglo? En otras palabras, ¿de qué manera un elemento que podría verse como "meramente literario" se asocia a procesos histórico-ideológicos?

RP: Por supuesto que es muy difícil contestar eso, sobre todo en relación con mi propio trabajo. En todo caso yo no lo llamo fragmentario, lo llamo relato mínimo, micro-relato, la historia reducida a lo esencial. A la vez intento contar muchas historias en una sola historia. Me interesa mucho la idea de la circulación de historias múltiples en un relato. El problema para mí pasa no tanto por la fragmentación, que es el efecto que produce eso, sino más bien con una intriga, que sería hasta dónde se puede reducir una historia, cómo se pueden mezclar las historias, de qué modo se puede pasar de una historia a otra, de qué modo se puede crear una superficie narrativa en la que sea posible circular entre historias diversas. Por eso me interesa mucho el problema del final y la cuestión de *la reducción*. La posibilidad de concentrar un argumento es algo que me interesa especialmente: hasta dónde se puede reducir una historia, es decir, hasta dónde se la puede reducir para que siga funcionando. Ese sería un asunto. El otro sería hasta dónde se puede ampliar y desarrollar una historia sin que pase a ser otra. Ese sería el otro tema. Esos serían los dos elementos que, en mi caso, están presentes en cierta poética que se ha ido desarrollando, que se puede considerar un diálogo con la tradición de la forma breve y del cuento, que en la Argentina es muy fuerte, y con cierta tradición novelística argentina también, y no sólo argentina, que trabaja la variación y la multiplicidad de líneas y de tramas. Me parece que es eso lo que me interesa en Faulkner, la multiplicidad de historias que circulan.

Qué relación hay entre esta forma y cierto tipo de situaciones y posiciones sociales es más difícil de definir y de discutir. Lo único que yo podría decir es que, por supuesto, en la sociedad circulan muchas historias y que esas historias que circulan son muy importantes en muchos sentidos, y que hay una cuestión con la interrupción. Yo diría que hay que pensar el concepto de interrupción en el mundo social; por ejemplo, desde cómo se interrumpe el debate en la escena pública, quién corta y cambia y desvía, en la televisión por ejemplo, que es la forma del desvío y de la interrupción por excelencia, qué tipo de juego hay allí cuando se cortan los discursos y qué quiere decir *decir* en una sociedad que está definida por ese tiempo

tan atomizado y a la vez tan costoso (en todo sentido). Por ejemplo (esto lo he dicho ya en otro lugar),
yo veo que las clases populares, no pueden hablar, es
decir, no las dejan hablar en el espacio público, cuando alcanzan a llegar ahí, por alguna catástrofe seguramente, en un barrio, en una zona obrera, va la TV y de
pronto, como si fuera un marciano, habla un obrero,
y trata de explicarse, tiene un tiempo y un modo de
usar el lenguaje que es antagónico con la lógica social.
Lo interrumpen en seguida, porque les lleva mucho
más tiempo hablar que a los profesionales del habla
pública, hablan, digamos, normalmente, como si estuvieran en la casa o en un bar, no están "adaptados" al
habla pública, a la TV, a la radio, a la escena. Aparece
un obrero y lo interrogan en su ambiente por alguna
cuestión trágica (una huelga, un choque, un crimen)
y muchas veces son mujeres, porque son las que han
sobrevivido o las que han soportado la violencia y ella
o él empieza a hablar como habla siempre, mira a la
cámara y trata de decir, de empezar a contar, piensa
entonces, trata de ser preciso y contar lo que pasó
y entonces tartamudea un poco e inmediatamente le
sacan el micrófono y el periodista da su versión, lo
dejan ahí, mudo, porque habla otra lengua, no tiene la
precisión que han aprendido a tener los que juegan ese
juego en el espacio público. Entonces habría una fragmentación del discurso que quizá hay que estudiar.
Yo, por ejemplo, habitualmente no voy a la televisión
nunca, voy en condiciones muy negociadas. Y una
de las negociaciones es cuánto tiempo puedo hablar,

no cuánto tiempo voy a estar en ese programa. Ahí me parece que se estabiliza (digo la televisión como el gran espacio del debate público hoy) una relación entre lenguaje, tiempo e interrupción, que va desde el corte publicitario hasta todos los sistemas de cierre y de final que circulan en el espacio social y uno podría asociar esto con la pregunta, porque la literatura, digamos, los críticos, los escritores, tendríamos algo que decir sobre eso, podríamos decir algo específico sobre las formas de poner fin a un discurso porque sabemos qué quiere decir la escansión: qué quiere decir cortar, dónde se corta, cómo se construye un sentido o cómo se le borra el sentido a un discurso según dónde se corte.

James B. Wolcott: En el estudio de la literatura moderna, se habla mucho de la metaficción. Asimismo, vemos una tendencia fuerte hacia la ficción autocrítica o metacrítica que se presenta como ficción. Algunas de sus obras, particularmente el "Homenaje a Roberto Arlt", parecen proponer una interpretación crítica de ciertos autores, especialmente de escritores argentinos en el interior de la ficción misma. ¿Por qué le interesa a usted tanto la metaficción y la metacrítica?

RP: Yo discutiría el concepto de metaficción, no el concepto de metacrítica, porque me parece que la ficción es siempre metaficción. Hay que ser muy populista, hay que tener una confianza extrema en la capacidad de decir el sentido directamente para creer

que los relatos funcionan sin ningún tipo de construcción reflexiva. Evidentemente la metaficción se convirtió en un momento determinado en una etiqueta que
ciertos escritores norteamericanos (como John Barth,
como William Gaddis) empezaron a usar y frente a
ellos se levantó la tendencia de los *minimal* que empezaron a decir: "Basta de metaficción, volvamos a los
hechos", que quería decir volvamos a Hemingway, no
a los hechos, a cierta manera de narrarlos. A mí ese
debate entre metaficción y narración directa no me
interesa, ni entro en eso, porque creo que uno puede
encontrar metaficción en los narradores que parecen
más ingenuos y más en ellos que en otro, diría yo. Me
parece que los narradores populares son narradores
de metaficción pura, porque dicen: "Ahora te voy a
contar una historia" y en el medio paran y ponen
una moraleja, cada tanto se detienen para explicar lo
que están narrando. En realidad no se puede narrar
de otra manera, no creo que se pueda narrar de un
modo en el que las palabras solamente cuenten hechos. Pero la metacrítica, o sea, el uso de la crítica
en un espacio distinto, que sería el modo en que yo
entiendo la cuestión, sí me interesa mucho, porque
me parece que hay una tradición muy fuerte en esa
línea. Siempre digo que ojalá yo hubiera inventado ese
uso de la crítica en la ficción, porque a veces algunos
me reprochan que trabaje con ideas, con reflexiones
en las novelas y me dicen: "Cómo puede ser que en
un diálogo se pongan a hablar de esas cosas". Yo digo:
"Me sentiría muy contento si lo hubiera inventado

yo", pero lamentablemente no fui quien lo inventó, porque eso está, por supuesto, en Cervantes, en el *Ulises* de Joyce. Uno de los capítulos del *Ulises* de Joyce que a mí me parece más extraordinario es el capítulo de la biblioteca, donde hay toda una discusión complejísima sobre *Hamlet*. Obviamente que nosotros lo tenemos a Borges y lo tenemos a Macedonio Fernández, lo tenemos a Marechal. En la Argentina se escribió *Rayuela*. Esta idea de que se pueden discutir ideas, que hay pasiones que tienen que ver con las ideas y que las discusiones pueden tener la misma pasión y el mismo riesgo es una gran tradición, viene de la payada de Martín Fierro con el Moreno, que es un diálogo filosófico, viene por supuesto de *Facundo*. Hay una gran tradición de la novela filosófica, de la novela de iniciación, que podríamos llamar metacrítica. Un ejemplo extraordinario es el Marqués de Sade, que interrumpe la pose de los cuerpos —no sé cómo llamarlo de un modo neutro— con discusiones filosóficas y después siguen otro rato y después vuelve a la discusión filosófica. Realmente me parece fantástico, porque me parece que es así como es. Entonces, que en las novelas existan discusiones que tengan que ver con la literatura quiere decir que a los personajes que están en ese libro les interesa la literatura y hablan de eso. Para mí es esta la explicación. Yo admiro muchísimo a Hemingway, al primer Hemingway sobre todo, y Hemingway, por ejemplo, pone pescadores a discutir cuestiones de pesca de altura, qué tipo de anzuelo, qué tipo de tanza y de *reel* hay que usar, cómo influye el viento y la temperatura del agua, y yo entiendo el veinte por ciento de lo que discuten, pero me doy cuenta que esos personajes hablan de lo que saben, usan sobreentendidos, discuten, tienen teorías, hipótesis y esa es la manera de construir un personaje. Si uno lee los cuentos de Hemingway que giran alrededor del mundo de los toros o del mundo del box, hay diálogos y los personajes tienen un saber sobre un tema y su conversación gira sobre ese saber.

En *Respiración artificial*, los personajes que están allí son básicamente intelectuales, están interesados en la literatura, en la filosofía, en la historia y discuten de eso. Trabajar así, siguiendo una tradición novelística muy fuerte, ha provocado un efecto inesperado y benéfico, para mí, porque muchas hipótesis que están discutidas en esos relatos de una manera extrema, tajante y a la vez atemperadas por la ficción, alcanzaron un público mucho más amplio que si yo las hubiera escrito en un ensayo de crítica. Es decir que de pronto ciertas hipótesis que se discuten allí sobre literatura argentina fueron discutidas en ámbitos mucho más amplios que si yo las hubiera enunciado en un libro de ensayos.

Michelle Clayton: Usted ha hablado en muchas ocasiones sobre la narrativa del poder del Estado, contra la que se oponen las narrativas distintas de los escritores. ¿Es la escritura necesariamente una estrategia crítica por parte del escritor? La narración de los vencidos, que usted ha mencionado con frecuencia, ¿se podría ver como otra máquina de poder?

RP: En principio yo digo que sí, que la pregunta sintetiza un poco lo que yo pienso, que sería la idea de que el Estado construye ficción y que no puede gobernarse sin construir ficciones. Valéry dice cosas muy interesantes sobre este asunto, y también Gramsci lo ha señalado: que no se puede gobernar con la pura coerción. Es necesario gobernar con la creencia, y una de las funciones básicas del Estado es hacer creer, y que las estrategias del hacer creer tienen mucho que ver con la construcción de ficciones, y que esa construcción puede ser vista por los escritores y los críticos con una mirada diferente a como la miran los historiadores y los políticos, que nosotros tenemos mucho que decir sobre esos mecanismos. Por otro lado, yo diría que la literatura disputa con ese mismo espacio, es decir, que la literatura está construyendo un universo antagónico a ese universo de ficciones estatales. En cierto sentido yo digo que hay una tensión entre la novela y el Estado, que en algunos momentos es muy visible y que, en otros casos, es necesario descifrarla, pero que hay dos polos de esa elaboración, podríamos decir, dos polos de cristalización de cierto tipo de ficciones sociales. Yo no pienso tanto, como algunos, en la relación entre ciertos novelistas y el Estado, que a veces se da, sino en el Estado como narrador. Es decir, voy a buscar eso en el discurso mismo del Estado. Por ejemplo, en una época analicé el discurso del

Comandante en Jefe del Ejército el día del Ejército,
que es el 29 de mayo. Tomé quince años, o sea, fueron
quince discursos de los Comandantes en Jefe en distintos momentos históricos, y analicé lo que decían,
el modo en que enunciaban. Lo que decían eran relatos fundacionales, todo el tiempo, sobre el lugar del
Ejército en la tradición nacional, sobre las relaciones
entre el Ejército y la población civil, a quién tenía que
matar el Ejército, a quién tenía que defender, cómo se
construía el lugar del enemigo, quién era el héroe en
ese relato paranoico y criminal. Esto era lo que el general en jefe trataba que la gente le creyera. Entonces
me refiero a ese tipo de cuestiones, a un discurso que
no debe ser entendido como externo al Estado. Es el
Estado mismo el que habla y los escritores, los novelistas dialogan y disputan, con esa ficción política. Me
distancio de lo que suele entenderse hoy por una crítica política de la literatura que tiende a ser, digamos,
endogámica, busca en la literatura, en los escritores los
signos de una política que viene de afuera y persigue
a los escritores todo el tiempo acusándolos de estar
construyendo discursos en beneficio de las políticas
del Estado. La literatura se ha convertido en un rehén del discurso político, en un rehén, diría yo, de la
ineficacia política de los críticos. En la Argentina hay
un debate muy fuerte sobre este asunto. Cuando el
Estado se cristaliza en el 80, todos los escritores parece
que están diciendo lo mismo que dice el Estado. No
están diciendo lo mismo. Primero porque no lo dicen
del mismo modo. Yo no confundo el discurso de un

ministro del Interior con el discurso de un novelista que escribe novelas. A veces, incluso son la misma persona, como es el caso de Wilde, pero no dicen lo mismo cuando están en un lugar o en el otro. Por ahí pasa, entonces, creo, la primera cuestión. En relación a la tradición de los vencidos, yo digo: la historia la escriben los vencedores y la narran los vencidos. Hay un relato que va por abajo, que tiene que ver con la derrota, no con la exclusión ni con las minorías, sino con los sectores que han sido dominados y vencidos por el Estado. La narración ahí tiene un sentido fantástico: el relato de las Madres de Plaza de Mayo en 1977, por ejemplo, contrapuesto a la versión estatal, una forma extrema de usar el lenguaje, que no tiene que ver con la construcción fija, digamos así, de la historia como escritura de los acontecimientos. La locura, ¿no?, es siempre el límite de la narración, el reverso del silencio. La locura es decir de más, es no poder callar, es un exceso en el borde de la ficción. Ellas eran las locas de Plaza de Mayo porque lo decían todo.

James B. Wolcott: Se ha dicho que desde el punto de vista del lector, la parte más importante de un relato es el comienzo de la historia, más específicamente el título, el epígrafe, o la primera frase. ¿Cómo lee usted los comienzos de los relatos y cómo ha trabajado sus propios comienzos?

RP: ¿Qué quiere decir tomar la palabra? Ese es un momento social siempre delicado y extraño. ¿Qué quiere decir pasar del silencio a la voz, qué quiere decir socialmente, y qué tipo de protocolos son necesarios para que esa función sea posible? Ese sería el punto. Entonces hay, a veces, maniobras dilatorias, postergaciones, partidas falsas, aprontes: prólogos, dedicatorias, epígrafes, marcos, el comienzo siempre parece remitir a una espera. Habría entonces una estrategia verbal ligada a la acción, al acto mismo de empezar a hablar, de modo que uno podría ver en ese punto del *incipit*, en el tropo del comienzo, la forma que toma en literatura el momento en que el sujeto va a hablar. Le agregaría a esto que yo veo el problema de los comienzos ligado al problema de los géneros, en el sentido de que los géneros me parece que son, por un lado, el marco, que es una de las fórmulas del comienzo de los textos y, por otro lado, una forma de conjugar la acción con la estabilidad. Los géneros dicen en qué tiempo verbal se desarrolla el relato. Steiner ha dicho cosas muy interesantes sobre la tragedia y los orígenes de la lengua. Ciertas situaciones dramáticas cristalizan estados iniciales del lenguaje, cierto lugar de pasaje entre el acto y la palabra. Benjamin ha pensado también en esto, ha insistido sobre la importancia del silencio en la tragedia. Un marco sería, entonces, también un modo de referirse a la situación no-verbal: "estamos aquí alrededor de esta mesa, en una sala del piso B, en la Biblioteca de Princeton y vamos a conversar sobre literatura". Establecemos el registro de discurso que vamos a usar y definimos la situación de enunciación y entonces podemos, quizá, empezar. El marco, en cierto sentido, estabiliza la cuestión; tiene mucho que ver con el género que sería también una fórmula, un pacto, un modo de decir: "bueno, vamos ahora a contar una historia de crímenes, vamos a contar una historia de terror". Hay un saber previo —a esto me refiero— antes de leer que siempre es un punto muy delicado en la discusión literaria. ¿Quién manipula el saber previo? Me parece que ése es un punto de discusión muy intenso en las poéticas y entre los escritores, por eso la guerra de los escritores contra los críticos, en el sentido de qué se va a saber de mi libro antes de que lo empiecen a leer y qué quiero yo que se sepa de ese libro antes de que lo empiecen a leer. Entonces las condiciones previas, la primera frase, el encuadre, lo que se sabe del que va a hablar, el sobreentendido, lo que está implícito, todo eso constituye un debate muy intenso y me parece que por ahí pasan, a menudo, las confrontaciones críticas. No es tanto sobre el texto mismo, sino sobre el protocolo de lectura de ese texto, el uso que se les va a dar. El comienzo toca todo este tipo de cuestiones, en qué dirección va a ir la lectura. Son sistemas de señales de tránsito ¿no?, como las indicaciones de entrada y de salida de un *freeway*. Tiene que ver con el mapa, con la hoja de ruta. Me parece que la cuestión del comienzo tiene que ver con todo esto: ¿qué es lo que uno sabe antes de empezar y qué es lo que el texto puede construir para establecer rápidamente el registro dentro del cual va a funcionar, para no ser leído desviado? Por ejemplo, para mí fue una decisión fuerte la de no poner el epílogo de *Plata quemada* como prólogo, que fue mi idea inicial. Porque si yo lo pongo como prólogo, por supuesto que estoy enmarcando la lectura. Después está la cuestión de los modos y de los tiempos verbales, el tono y la velocidad de la marcha de un relato, digamos, y eso remite también al comienzo, a los comienzos. Pasar a la acción en el lenguaje, de eso trata el comienzo. En cuanto a la experiencia práctica del comienzo, habitualmente no empiezo los libros por el principio, es lo que me ha sucedido. El único libro que empecé por el principio es *Respiración artificial*, en el que lo primero que escribí es lo primero que se lee; pero no me pasó eso en los otros libros, donde no necesariamente lo que está leído como comienzo es lo que yo escribí primero. Pero cuando uno dice cómo comienza un libro, para un escritor quiere decir cómo define el tono de la historia y como establece, implícitamente, el marco, es decir, el protocolo de lectura.

Michelle Clayton: En sus escritos juega frecuentemente con materiales "extraños" a la obra de varios autores: cartas, palabras sueltas, biografía; *En otro país* traza su propia autobiografía. ¿Hasta qué punto informa al lector la biografía de un escritor, o es que la biografía (la de los hechos, la de las palabras) se ofrece a ser leída como una parte más de la ficción?

RP: Es una pregunta muy interesante. A mí me interesan mucho los mitos de escritor, me parece que junto con los textos hay un aura, ciertas imágenes que actúan, en secreto, en los resquicios, entre las palabras, como quien vislumbra un rostro cubierto por un tul. Hay mitos fuertes que vienen de los textos: Kafka, Macedonio Fernández, Hemingway, no sé. Hay una construcción del sujeto que es una combinación rara de palabras, acontecimientos, tragedias, datos, que habitualmente quitan al sujeto de la normalidad, diría yo. El sujeto es sacado de la normalidad y ese corte está secretamente ligado a su escritura. ¿Qué quiere decir esto? Quiere decir: el mejor escritor del siglo veinte, quizá, Kafka, no podía escribir. Ahí hay un mito. Es una cosa interesante. Estaba todo el tiempo diciendo que no podía escribir. Uno de los más grandes escritores argentinos se pasó la vida sin publicar. Hay siempre como un enigma en este tipo de cuestiones. Es una relación paradójica entre el texto y el sujeto, lo que funda el mito. Un gran escritor como Hemingway, un artista de la forma pura, decía que en realidad lo que le interesaba era ir a la guerra o estar en los bares con los vagos y con los borrachos. Y sin embargo, cuando uno lo lee se da cuenta que lo único que le importaba era cómo se podía escribir en inglés después de Joyce. Hay algo enigmático ahí ¿no?; él ¿por qué quería parecer un hombre de acción? ¿Qué escondía? O Kafka que no podía escribir... En una noche escribía *La condena* y al día siguiente decía que no podía escribir, que era imposible. Me parece que hay siempre un enigma y que el escritor a menudo es una figura de transacción entre el lenguaje y la vida, digamos, por eso la vanguardia termina por trabajar casi exclusivamente con el mito, con el escritor sin obra. De modo que la biografía de un escritor a menudo tiene que ver con la construcción misma de la obra y a veces es un efecto de la obra. A mí me interesa mucho este asunto, como estrategia y como construcción ficcional, pero no porque sea puramente ficcional, sino porque tiene un elemento de... —¿cómo decirlo?— de condensación, condensa una vida en algunos elementos y esto es siempre muy atractivo narrativamente. Por ejemplo, leo muchísimo, yo diría más que novelas, leo diarios, biografías, cartas, correspondencias, ese tipo de material es un material que leo siempre por ese doble efecto de concentración que tiene por un lado una vida convertida en destino, una vida leída, y a la vez la tensión entre el lenguaje y la experiencia, el sujeto escindido ahí ¿no?, el modelo de "Borges y yo".

Desde el punto de vista de una respuesta más ajena, digamos, al asunto, más ligado a la discusión sobre la crítica, yo creo que está bien usar la biografía de los escritores en el análisis de la literatura. Yo lo hago, la uso cuando viene el caso, y me parece que no hay por qué tener una posición extrema a la manera de algunas teorías francesas, que a menudo son una extrapolación de ciertas hipótesis del psicoanálisis. Por supuesto en un sueño el sujeto está disperso, es un vacío, está fuera de ahí, pero no es lo mismo que quien se pone a escribir una novela. La operación es muy parecida, pero no es la misma operación. Hay un sujeto que decide escribir. Entonces, no me parece que la figura de ese sujeto sea algo que deba ser excluido de la discusión

LA FORMA INICIAL 215

de la crítica como un elemento que alteraría la verdad de la lectura.

Kit Cutler: Sabemos que ha ficcionalizado el proceso de escritura con "la máquina de contar" en *La ciudad ausente* y el rol de las crónicas de Emilio Renzi en *Plata quemada*. ¿Puede hablarnos un poco sobre el verdadero proceso de escribir y estructurar sus historias? ¿Hay mucha diferencia en este proceso cuando escribe para el cine o la ópera, como ha hecho con Héctor Babenco y Gerardo Gandini?

RP: Sí, quizá la diferencia nos permita decir algo sobre eso. En general, las narraciones que he publicado —las novelas y los relatos— han sido escritas sin tener una trama y una continuidad de los acontecimientos definida. En el caso de *Plata quemada*, esto tenía ciertos matices porque la historia ya existía, pero habitualmente —y en el caso de esa novela también— lo que tengo es una historia inicial, un punto de partida, y lo que hago es escribir una primera versión para enterarme qué clase de historia es esa. No soy del tipo de escritor, como muchos buenos escritores, que hacen un diagrama previo de capítulo por capítulo y que tienen muy claro el plan de lo que van a hacer; por lo tanto, habitualmente lo que hago es descubrir cómo es la historia a medida que la escribo y suelo escribir varias versiones hasta definir la trama. Voy, digamos así, del estilo a la historia, y no al revés. Pero en el caso del cine y en el caso de la ópera —el libreto de la ópera

fue un caso bastante especial porque adapté un libro
mío—, sí fue necesario antes de sentarse a escribir tener
muy pensada, muy definida y muy estructurada la historia. Entonces, lo que uno habitualmente hace con
un argumento que está escribiendo para el cine es con-
versarlo mucho y pensarlo mucho y definir claramente
la situación dramática y los momentos de viraje de la
intriga. La gente que está en el cine tiene muy definido
este sistema de trabajo; hablan de algo que no se ha
podido traducir, la *scaletta*, la "escalera", que sería la
serie de hechos que van a definir la película; cada esca-
lón, digamos, permite subir un poco más arriba en la
trama. Antes de empezar a escribir el guión, hay que
definir la *scaletta*, es decir, los acontecimientos básicos:
"el personaje llega a un aeropuerto, después toma un
taxi, después busca un hotel y en el hotel le roban la
valija". Es como el esqueleto de la historia y todos los
hechos que van a suceder tienen que estar definidos
en la continuidad dramática. La trama está antes de
la escritura y me parece que ésta es una diferencia
interna a la literatura. Hay escritores que trabajan con
una trama previa y después la escriben, como Borges,
mientras que otros escritores, como Onetti por ejemplo, construyen la trama a partir de un elemento que
a menudo es una imagen o una situación que después
se desarrolla.

Michelle Clayton: En *Crítica y ficción* afirma usted
que "el lector ideal es aquel producido por la propia
obra... Los grandes textos son los que hacen cambiar

el modo de leer". ¿Qué tipo de lector producen sus últimos textos, *La ciudad ausente* y *Plata quemada*?

RP: Yo por supuesto no puedo contestar esta pregunta. No lo sé, obviamente, ni creo que lo pueda llegar a saber. Porque, ¿qué relación tiene un escritor con el efecto de lo que escribe? Tiene, por un lado, un tipo de lectura que yo llamaría "privada": los amigos le dicen cosas y uno ya sabe con lo que le dicen los amigos, más o menos se va dando cuenta... porque los amigos siempre dicen que el libro les gustó, habitualmente, digamos, son amables; pero uno ya, más o menos, por lo que le van diciendo se va dando cuenta qué tipo de efecto produjo el libro. Quiero decir que un escritor aprende a descifrar en la comunicación personal el tipo de interés y de efecto que un libro puede producir. El caso más extraño que me pasó a mí es que cuando publiqué *Prisión perpetua* me empezó a escribir un preso desde la cárcel. Porque, claro, el libro se llama *Prisión perpetua* y él pensó "este libro debe ser para mí"; entonces, leyó el libro y me empezó a escribir. Mantuvimos una correspondencia mientras él estuvo preso. Pasó siete años preso; a los dos años de estar preso me empezó a escribir. A veces llegan cartas de lectores; yo en general no contesto, pero en el caso de él me parecía que sí, que había que contestar. La correspondencia se convirtió en una conversación sobre literatura con un lector que disponía de todo el tiempo, obviamente, que al mismo tiempo estaba interesado en escribir y fue una

experiencia rarísima, interesantísima, porque por supuesto era alguien que no venía de la literatura, y la
manera en que él leía los textos era muy personal...
Un lector extraordinario, muy franco, casi no había
leído nada antes de caer preso y entonces, en la cárcel,
con todo el tiempo por delante, se convirtió en un
lector voraz. Porque yo le empecé a mandar libros
que pensé que podían ayudarlo, digamos, a no sentirse
demasiado oprimido por la literatura, textos que lo en-
caminaran a una escritura en la que él se sintiera más
próximo, porque si uno le mandaba, no sé, Lezama
Lima, se iba a sentir un poco intimidado. Entonces,
dije, Rulfo, que es un gran escritor, es alguien que él
puede sentir próximo, Roberto Arlt, Fitzgerald. Pero
al mismo tiempo él buscaba mis libros, conseguía mis
libros sin que yo se los mandara y los leía y, entonces,
ahí hubo una experiencia muy interesante. Me hacía
preguntas, sacaba conclusiones fantásticas. La literatura lo ayudó a resistir la prisión, empezó a vivir de
noche; cuando todos en la cárcel se iban a dormir, él
se pasaba la noche leyendo, escribiendo. Primero me
escribía cartas a mí y me contaba con mucho detalle
qué hacía, cómo era la vida en la prisión y después de
a poco empezó a contar la vida de los otros y empezó a escribir relatos. Se llama Roque Beraja. Cuando
salió de la cárcel, nos encontramos. En fin, ahora vive
en Rosario y está terminando su primer libro. Obviamente no quiero poner esto como ejemplo de nada;
es un caso muy común, un lector que escribe; yo no
establecí con él ninguna diferencia, lo traté igual que

a cualquier de los que a veces me escriben o me envían textos. De a poco, a partir de sacarse de encima la idea de "hacer literatura", empezó a encontrar una voz propia. Ese sería un ejemplo del tipo de lector que uno puede encontrar, casi el lector perfecto, diría yo. Y después está el otro tipo de lectura que uno recibe, que es la de los críticos, los lectores "profesionales", digamos así. Obviamente uno lee lo que se escribe sobre lo que uno ha escrito. Y esa también es una lectura rara, habitualmente, más que leer, miro por encima, porque produce un efecto un poco raro. Es como encontrar una carta que no nos está dirigida, en la que alguien habla de nosotros. Siento siempre cierta molestia, como si fuera un ejercicio de *voyeurismo*. Por otro lado, debo decirles que en verdad lo que uno percibe cuando lee la crítica es la moda. Por ejemplo, con *Respiración artificial*, que es una novela que yo publiqué en el ochenta, las distintas lecturas a lo largo de estos años me han ido dando la pauta de cómo se estaba leyendo en cada momento, porque el libro ha ido cambiando de acuerdo a cómo se iba leyendo en los momentos en que los críticos lo leían. En lo que podríamos llamar la crítica establecida, lo que uno ve, básicamente, es que los críticos están trabajando sobre debates que son de la crítica misma, que los libros funcionan como elementos de una discusión que tiene más que ver con momentos cristalizados. Por ejemplo, el libro se discutió mucho en términos de historia y ficción; se discutió mucho en términos de la dictadura militar, es decir, qué quería decir hacer literatura en un momento determinado en la Argentina; después se lo leyó como novela histórica porque se puso de moda la novela histórica, se lo leyó como metaficción, después se lo empezó a leer en términos de la posmodernidad; era una novela posmoderna, decían, entonces se empezó a leer como una novela posmoderna y ahí hubo una discusión sobre ese tema. Entonces, quiero decir que la relación que tiene uno con el efecto de lo que escribe es siempre muy arbitraria y no puede ser usada como ejemplo. Yo puedo sí darme cuenta de cómo ciertos textos de escritores que están cerca de mí producen cierto efecto, por ejemplo, Saer. Qué tipo de efecto produce Saer, puedo percibir bien, qué tipo de lectores crea, digamos, o Hebe Uhart. Con escritores contemporáneos míos puedo darme cuenta lo que pasa; con mis libros es muy difícil.

Arcadio Díaz-Quiñones: Su novela *Plata quemada* evoca algunas películas norteamericanas, concretamente *Dog Day Afternoon* de los años setenta, una *non-fiction* dirigida por Sidney Lumet en la que también se da un asalto a un banco, hay una pareja homosexual, y en la que los medios, especialmente la televisión, van narrando e interpretando los hechos. En otros aspectos recuerda las tramas del cine negro más reciente como *State of Grace* de Phil Joanou o la función de la "plata" en *Kill Me Again* de John Dahl. ¿Podría hablarnos de la relación entre cine y narrativa?

RP: Bueno, *Dog Day Afternoon* es una película que me gusta muchísimo, el guión de Frank Pierson es extraordinario, y para mí fue extraño verla porque yo ya había escrito el libro, la primera versión, y era como una variante de la misma historia. No recuerdo de qué año es la película, debe ser del 71 o del 72, por ahí. Yo había escrito la novela y la había abandonado. Por supuesto encontré muchas semejanzas en los acontecimientos, sobre todo los dos protagonistas del robo que quedan encerrados en ese banco con los rehenes, la situación de encierro y de rodeo, de acoso, el mundo homosexual... encontré muchos elementos comunes con la historia de *Plata quemada*. Aunque quizá no es tan *heavy metal* como el libro, tiene un tono más "clase media", cierta "buena conciencia" típica de Lumet ¿no? que es un director "progresista", digamos, no es Samuel Fuller, no es Robert Aldrich, no es un "duro", ni tiene ese estilo. Ahora, las otras películas no las he visto, no las recuerdo. De todos modos podría nombrar otros films: las películas de Fuller, *Shock Corridor*, *The Naked Kiss*; y las películas de guerra que vi de chico: *The Steel Helmet*, *Fixed Bayonets*, extraordinarias, muy violentas, que parecen documentales sobre la locura. Ese cine, esa manera de narrar, la tenía presente, porque pensaba mucho en las batallas del cine, cómo se narra un combate. Porque para mí el problema no sería tanto temático; yo no plantearía el problema en términos temáticos, diciendo: "bueno, hay ciertos temas que están en ciertos films que uno los encuentra en la literatura o al revés". Lo que sí pensaría es en el tipo de narración que el cine ha impuesto, como una especie de media de lo que debe ser una narración que funciona bien, de lo que es el interés de un relato. El cine ha establecido un código frente al cual la literatura se ha sentido siempre como en una disputa sin solución. Sobre esto se podría también hablar bastante, en el sentido de que en un punto el cine ha venido a sustituir lo que tradicionalmente había sido la novela como género popular en el siglo XIX, y la novela no ha conseguido recuperarse de esa situación. La novela como género, digo, no los novelistas aislados, ha perdido su público popular porque ese público se fue a buscar la narración en el cine. Algunos tenían mucha conciencia de este hecho: Scott Fitzgerald se va para Holywood y dice, explícitamente, en 1930, 1931, cuando aparece el sonoro, "para escribir novelas ahora hay que irse a Holywood". Es decir, comprende que el relato social ha dejado de ser la novela y que el género de narración dominante es ahora el cine y es el primero que intenta intervenir en ese asunto, va a trabajar a Hollywood y por supuesto como sabemos le va muy mal. De modo que habría una cuestión para discutir sobre esto y me parece que es el modo de plantear el problema del lugar de la novela en el debate actual. La queja de los novelistas habitualmente es que no se leen novelas; quieren decir no se leen novelas como se leían antes, que se leía masivamente la novela como género. Dickens, Balzac eran grandes artistas y grandes narradores populares porque el género tenía un público disponible amplísimo. Esa es una cuestión.

La otra cuestión es que el cine tiene una forma muy rápida de narración, una velocidad que es antagónica con el lenguaje, el tiempo del relato no depende de la articulación verbal, el relato está siempre en presente y se articula como una cadena que corre, es una polea... por eso yo no veo, por ejemplo, que *Plata quemada* sea una novela "cinematográfica", como se dice; yo no la veo cinematográfica en el sentido de que yo veo las novelas cinematográficas como novelas donde el lenguaje no es lo que define el funcionamiento de la historia, tienden al presente y al encadenamiento rápido. Con esta novela se va a hacer una película —ya están escribiendo el guión— y ellos sabrán cómo la van a resolver, pero yo no veo en el funcionamiento del libro un criterio que sí encuentro en otro tipo de novelas contemporáneas que tienden a narrar desde afuera, digamos, un tipo de relato que tiende a mostrar la acción con una perspectiva más externa a lo que en este caso sucede con el funcionamiento del lenguaje de los personajes y de su propio... —no sé cómo llamarlo— su propio rumor interno. Entonces, por un lado, yo discutiría este problema en términos más amplios. No novela y cine, aislados, sino el género como tal, la forma social dominante, los modos de narrar, la novela sustituida por el cine como lugar social de la narración, cierta crisis de la novela y cierto efecto que esto produce en el género, efecto que a mi juicio es benéfico, porque cuando el género pierde ese público tan exigente y popular, pueden aparecer Joyce y Proust. Si uno se maneja con ese criterio sobre cómo se manejan los géneros puede decir que eso es lo que sucede. La novela queda suelta y gana una libertad que antes no tenía. Por supuesto que Dickens era un novelista extraordinario, y todos esos novelistas que tenían un público ávido que esperaba sus historias, eran extraordinarios ¿no es verdad?; pero cuando el público se desvía para otro lado parece que los novelistas se encuentran con una posición más libre y se resuelve el debate clásico sobre la novela como arte o la novela como entretenimiento, que es casi contemporáneo al nacimiento del cine: las posiciones de Henry James, el debate de James y Howell sobre si la novela es arte o es simple entretenimiento, ya estamos en el centro de la cultura de masas y de sus exigencias y ese debate es "moderno" y tiene mucho que ver con la aparición del cine. Para tratar de contestar la pregunta, también diría que el cine tiene mucho que ver con los géneros y que en este sentido la relación con el género podría entenderse como un relación ligada a la narración cinematográfica.

Dicho todo esto, diría que el cine ha sido algo muy importante a lo largo de toda mi vida, que paralelamente a leer libros veía películas, eran dos mundos paralelos, dos vidas. Creo que es una experiencia de toda mi generación, hemos estado muy conectados con el cine. Me parece que los escritores de mi generación somos los últimos que no vimos televisión de chicos, que no vimos el televisor como una presencia cotidiana, que está ahí desde que uno nace, como la madre, digamos, un aparato que habla y está en la casa, como algo con lo que uno tiene que establecer un acuerdo o algún tipo de relación, pero que está siempre ahí. Para nosotros fue algo que llegó primero a la casa del vecino. Cuando entró en mi casa, yo —como era de izquierda— ya estaba en contra y no veía casi televisión, y cuando era estudiante no existía para nosotros la televisión mientras que el cine sí es una experiencia que empieza con la infancia y sigue hasta ahora.

Cristina Pérez Labiosa: La sexualidad es uno de los aspectos más interesantes y menos discutidos de su obra. ¿Qué papel juega este tema en sus novelas y relatos? ¿Qué lugar ocupa la homosexualidad y la "desviación" sexual?

RP: Cuando yo estaba escribiendo el primer libro de relatos que se llama *La invasión* le quería poner de título *Entre hombres*, porque me parecía que todos los relatos tenían que ver con situaciones entre hombres. Después aparecieron algunas mujeres en las historias y, por lo tanto, preferí cambiarle el título. Pero, la idea de un mundo sólo de hombres... digamos el ejército, el mundo del box, el mundo del deporte, las pensiones, ciertos ámbitos donde funcionan redes masculinas han sido siempre para mí muy atractivos por el tipo de pasiones que circulan ahí, la competencia extrema, los desafíos, los sentimientos desplazados, no mostrar lo que se siente. Muchos relatos de ese libro narran ese ambiente, digamos, "La invasión", "Mi amigo", "Tarde de amor", no son relaciones homosexuales, pero hay un clima de tensión sexual, de violencia, cierta misoginia incluso. En el caso de "El Laucha Benítez", el relato es un efecto de mi interés por el mundo del box, y es muy común y muy conocido entre la gente que está en el ambiente del box que hay muchos boxeadores homosexuales, que hay muchas parejas de boxeadores; lo mismo en el mundo del fútbol y por supuesto en el ejército y también en el mundo de "la pesada", como se dice en Buenos Aires. "La pesada" se refiere a las bandas que roban con armas; están metidos en un mundo que tiene que ver con la cárcel, también, como ese lugar que construye la sociedad para aislar a la gente, básicamente para sacarlos de la sexualidad, porque yo pienso que ése es el sentido de la cárcel. Después hay transas allá adentro diversas, pero en un sentido el castigo, el sentido secreto de ese aislamiento, tiene mucho que ver con la sexualidad. La sociedad construye una suerte de isla masculina; la cárcel es también una disposición muy perversa de los cuerpos. Entonces yo hablaría del efecto narrativo de esos ambientes. Hemingway está ligado a esa mitología también: *Men Without Women*, todos los fantasmas masculinos, la impotencia, la dominación, la pasión entre hombres. No hablaría de "cultura gay" ni de relaciones homosexuales en el sentido en que eso suele ser discutido actualmente. Veo, más bien, circulaciones del deseo, que se dan entre hombres a veces y se dan entre hombres y mujeres o entre mujeres. No veo ahí la cuestión en términos de lo que sería una particularidad sexual que debe ser trabajada aparte.

Porque lo que me parece que tienen estos universos es que son lugares de cruce, nada es muy fijo, no tienen las categorías de la clase media, digamos, categorías pequeño burguesas o estabilizadas para establecer las identidades con su carga de queja social, de traducir las fantasías sexuales en términos de lo que es políticamente correcto, o definido como reivindicación de ciertas identidades. Me parece que en el mundo popular, en las clases bajas, este juego de las identidades sexuales, como quiera que sean, son menos fijas. Esto sería, entonces, mi respuesta: he narrado a veces esos universos de pasión entre hombres, he escrito historias que tienen a hombres como protagonistas y cruces de relaciones entre ellos. Por lo que yo sé, la novela ha sido muy discutida y con interés en lo que en Buenos Aires podríamos considerar que es la cultura gay y el mundo de la cultura gay; pero yo no me muevo con ese tipo de conceptos en relación con este problema. Yo pienso más, y así me parece que debería ser discutido el asunto, como un espacio de circulación entre cuerpos sin que nadie se quede fijo a un tipo de conducta establecida que la sociedad considera normal, anormal o desviada.

Noel Luna: Aquellos que hemos tenido la suerte de asistir a sus seminarios en Princeton, particularmente el que dictó el año pasado sobre "la ficción paranoica", tuvimos la oportunidad de reconsiderar algunos textos fundamentales sobre la noción de "lo secreto". En el centro de esta discusión leímos a Simmel y a

Canetti, y consideramos algunas ideas de Freud, todo ello en relación al género policial. "El secreto" y "lo secreto" parece ocupar un lugar central en la narrativa, la crítica, la teorización del relato y la docencia de Ricardo Piglia. En *Crítica y ficción* usted habla del Estado como "una estructura que dice todo y no dice nada, que hace saber sin decir, que necesita a la vez ocultar y hacer ver". ¿Cuál es hoy para usted la relación entre la "economía de lo secreto" en la literatura y en la política? ¿Cuál es el sentido de "lo secreto" para un escritor que vivió la dictadura argentina y que hoy se enfrenta a la visibilidad que rige la idea misma de democracia?

RP: Por supuesto la pregunta es muy interesante. Yo la contesto tratando de diferenciar algunas cuestiones. La relación entre secreto y poder, para empezar por ahí, que es la cuestión a la que se refieren Simmel y Canetti, me parece que tiene mucho que ver con la estructura del funcionamiento político. Se podría pensar que más allá de que haya o no mayor o menor visibilidad, como discurso explícito en la escena democrática, y que haya un sentido más conspirativo en los regímenes totalitarios, uno podría decir que la relación entre secreto y poder político es un elemento que cruza la historia del Estado: en verdad en esa relación se constituye el Estado, y podría ser estudiado como un dato de la historia política, ¿no es cierto? Una teoría sobre el secreto, lo que se debe decir, el "trascendido", en fin. Hay todo un sistema de utilización de lo que es dicho a medias y de lo que se termina por decir como versión que está ligado al hecho de que el que tiene poder sabe algo que los demás no saben y que ese poder está armado alrededor de esa figura, de ese lugar secreto en el cual se gestaría, digamos, el poder político.

Lo que a mí me interesa del secreto es que no depende de la interpretación, no es un enigma que puede ser descifrado y por lo tanto depende de una técnica religiosa o filológica —como quieran ustedes llamarla— que permite descifrar algo que está oculto pero que se da a entender, en el sentido etimológico de "enigma". El secreto es algo que está escondido. Etimológicamente, también, tiene que ver con un lugar donde hay algo que alguien tiene escondido y hay que entrar ahí, es una acción la que supone "descubrir" un secreto. Entonces ahí otra vez encuentro una relación entre "secreto y lenguaje", una relación que se puede establecer alrededor de todo este juego con el que sabe algo que no quiere que los demás sepan, que, por supuesto, en el género policial tiene un lugar importantísimo. El género tiene un uso del lenguaje que es muy aleccionador para el funcionamiento social de los lenguajes en el sentido de que siempre el que habla pierde. El género policial tiene una raíz escéptica, ¿no?, una moral estratégica, digamos, una guerra de posiciones donde el que es sincero es castigado. Hay una especie de lógica extraña que gira sobre el valor del silencio: el que calla puede todavía encontrar formas de escapar de la ley, porque la ley hace hablar —el Estado por un lado no dice y por otro lado obliga a decir. Hay un juego alrededor del secreto como cuestión social que me parece muy atractivo para pensar la historia. Lo que se dice, lo que se puede decir y lo que se puede hacer, el modo en que los sujetos se desplazan en relación a lo que puede no ser dicho. El libro de Albert Hirschman, *Exit, Voice and Loyalty*, es extraordinario para estudiar estas relaciones. Con alguno de ustedes yo hablaba de esto en relación con la economía, uno de los grandes discursos sociales actuales, que también se funda en el secreto como núcleo. El funcionamiento de la bolsa de valores y la fluctuación de los "intereses" y los flujos de dinero y las alzas y la inflación, todo el circuito de circulación monetaria, tiene mucho que ver con la circulación de informaciones y con qué cosas se dan a conocer y con el tipo de lenguaje que se usa, la jerga, y esa circulación de palabras produce inmediatamente movimientos financieros. Las cosas son al revés de lo que parecen, el lenguaje hace funcionar las finanzas, las cuentas secretas, numeradas son el nudo íntimo de la economía capitalista, las cuentas suizas, numeradas, y por otro lado las filtraciones, todo tiene mucho que ver con la confianza, con el crédito. En definitiva, la fuga de capitales es una metáfora perfecta del terror actual.

Yo leía en el diario de hoy que no bien trascendió que el gobierno norteamericano iba a hacer no sé qué movimiento con las tasas de interés, se produjo una baja en todas las bolsas del mundo y el tesoro norteamericano anunció, el vocero del tesoro norteamericano ¿no?, la voz de Dios, salió a desmentir la versión.

Entonces, basta que trascienda que algo va a pasar
para que inmediatamente muchas personas se queden
sin plata. Hay un juego ahí de acción en relación al
discurso, al lenguaje, que es siempre, por supuesto,
para un escritor, muy atractivo. Eso, por una parte.
En relación a la crítica literaria, me parece que la idea
de que siempre existe un secreto en un texto permite
cuestionar las hipótesis de Paul de Man y sus segui-
dores, incluido Derrida, que tienden a poner el texto
en un lugar de indecibilidad, un vacío que nunca se
puede cerrar, porque la lectura no tiene fin y si uno
quiere cerrar porque quiere interpretar, entonces está
haciendo algo contra el texto. Me parece que si uno
dice que el texto tiene un secreto pone la interpretación en un lugar distinto, que no tiene que ver con
la idea —que funciona mucho— de que, en cambio, el
texto sería un enigma a descifrar. Porque sí, si el texto
es un enigma que el crítico puede descifrar, quizá lo
que quede es esta idea de que en realidad los textos
son siempre indecidibles y que su sentido siempre se
puede recomponer. Mientras que si el texto conserva
un secreto —un relato de Henry James sería el modelo
de la lectura en este sentido—, la relación que se establece entre ese texto y lo que lo rodea se hace —me
parece a mí— más activa. Digo esto porque, en verdad,
creo que leímos a Onetti en esa línea. En Onetti no
se trata de enigmas sino de secretos que actúan en los
textos, que defienden las relaciones entre los personajes: algo se sustrae de la historia, alguien sustrae, como
las dos cartas que definen el relato en *Los adioses*, que

el narrador esconde en un cajón... No se trata de un elemento ambiguo que el crítico atribuye al funcionamiento de la literatura, que siempre es polivalente y abierto, sino que el relato está construido sobre un punto ciego a partir del cual es muy difícil estabilizarlo.

César Rosado: En *La ciudad ausente*, Junior dice que la "verdad es un artefacto microscópico que sirve para medir con precisión milimétrica el orden del mundo". ¿Piensa usted que la verdad es instrumento, es arma, o es un fin en sí misma? ¿Cuál es el rol que juega la verdad en la sociedad de clases?

RP: Yo creo que sí, que es un instrumento, en el sentido de que es algo que debe ser construido, a lo cual uno debe llegar para poder intervenir en el juego de lo que en principio podríamos considerar la sociedad, pero también la literatura. Cierta convicción es necesaria para poder leer, no me parece que se pueda leer si uno no cree que hay una verdad a partir de la cual lee. En ese sentido soy totalmente contrario a las hipótesis actuales que postulan una especie de pluralismo de consenso que existiría como una especie de imposición "débil", un dogmatismo de la incertidumbre. Me parece que uno lee porque cree en ciertas cosas, porque tiene ciertas hipótesis, parte de cierto tipo de verdad. Que esa verdad tiene que ser construida y no tiene que ser espontánea, es seguro, pero uno no puede convertirse en un buen crítico si no construye ese lugar desde el cual lee y lo define. Lenin decía algo que siempre me pareció muy bien. Lenin, creo que en las notas sobre Hegel, en los *Cuadernos filosóficos*, pone entre paréntesis, entre signos de pregunta: "¿la verdad para quién?" Poniendo la verdad en términos de uso, y en términos más Wittgenstein —diríamos— que Hegel, en el sentido de más jugado a ver cómo funciona en el interior de un determinado contexto ese argumento y no como una esencia que funcionaría en el núcleo invisible de lo que es aparente.

Después está esta cuestión que aparece tan a menudo en las discusiones en las que estamos los escritores, los críticos o los historiadores, que tiene que ver con que todo es ficción, que es como una situación que está muy presente en el discurso histórico y en el debate cultural. Me parece que ahí se produce una extrapolación de algo que uno podría localizar más precisamente y decir que es en la cultura de masas donde la distinción entre ficción y verdad se ha perdido. Y que muchos de los filósofos "posmodernos" —entre comillas— trasladan lo que es real en la cultura de masas al conjunto de las prácticas. En la cultura de masas es cierto que se han disuelto las categorías clásicas, entre otras, la distinción entre verdad y ficción, que nos movemos en un mundo donde esas categorías han perdido totalmente relevancia. Pero no me parece que debamos tomar ese elemento que es particular a la cultura de masas como un dato para entender el conjunto del funcionamiento social. Estamos muy amenazados por la expansión de los medios, pero no me parece que un ámbito como la universidad, por ejemplo, deba asimilar y repetir las posiciones discursivas que genera la cultura de masas.

La cuestión de que la cultura de masas no permite establecer con claridad la distinción entre verdad y ficción está en un texto de Lukács de 1913 sobre el cine, que les recomiendo. Está en la antología de ensayos de Lukács que Peter Ludz preparó en 1961; se llama creo, *Escritos sobre sociología de la literatura*. Ahí está ese ensayo muy interesante de Lukács de 1913, "Reflexiones sobre una estética del cine" donde dice: en el cine la distinción entre ficción y verdad se ha perdido, porque lo que vemos es siempre real. Anticipa ahí una serie de hipótesis sobre el mundo de la imagen, sobre la sociedad del espectáculo, sobre la representación. Me parece que ahí hay un punto de partida para localizar este asunto de la expansión de la ficción, de la ilusión de verdad y el efecto de falsedad de una sociedad de la imagen, esta sociedad que ha expandido lo que estaba presente en los orígenes, de un modo muy limitado, en el cine, que nos lleva, a menudo, hoy, a una concepción de la verdad que no es pertinente porque pertenece a ese ámbito preciso y no a todas las prácticas de la sociedad. Los filósofos "posmodernos" son filósofos de la cultura de masas y ven el mundo bajo la forma de la cultura de masas.

César Rosado: En el "Homenaje a Roberto Arlt", el crítico es visto como un detective. En *Plata quemada* el detective Silva utiliza métodos autoritarios y coercitivos para que sus testigos "confiesen" una verdad específica. Si la crítica es una reconstrucción de los hechos, o del texto, y mucho trabajo crítico incluye el uso de métodos autoritarios y hasta coercitivos, ¿cómo puede el crítico asegurar que su interpretación del texto es válida?

RP: Primero yo haría una distinción entre el detective y el policía, en el sentido de que el policía está institucionalizado, es un funcionario del Estado, es el Estado. La policía es el Estado, está ahí porque es el Estado, está para hacerlo visible. El detective es una figura inventada, construida, es un experto en la interpretación; en un sentido el Dupin de Poe es el último intelectual. Entonces yo asociaría al crítico con el detective, no con el policía; lo cual no quiere decir que no haya habido o que no existan críticos policiales, críticos que quieren cumplir la función de policías, aunque el inconveniente es que la literatura es una sociedad sin Estado, por lo tanto los críticos que quieren trabajar de policías (y en la academia hay muchos, como hay muchos en el periodismo) se autodesignan, porque aunque actúen con violencia no pueden imponer la ley, porque no hay ley que pueda ser impuesta. Es la crítica "vigilante", digo yo. "Vigilante" es el nombre que se da en Buenos Aires a la policía. Es un "vigilante", se dice, y así se lo describe, el que vigila. Entonces hay una crítica muy vigilante, que está siempre vigilando que las cosas funcionen a su manera. Es cierto que existe. Pero en el sentido que estamos manejándonos acá, tendríamos más bien que pensar en la figura del detective, como esa figura intermedia entre la ley y la verdad, esa figura de mediación. Y entonces sí, me parece que hay elementos de reconstrucción, elementos de lectura en los márgenes, un poco lo que dice Carlo Ginzburg sobre Sherlock Holmes y Morelli, en el sentido de una lectura que lee lo que no parece visible a primera vista, es decir, lee los márgenes y los textos cambian.

La cuestión más interesante y difícil de contestar es cuándo es válida la crítica. Y yo creo que la crítica es válida cuando puede ser usada para algo ajeno a la literatura. La crítica válida es aquella crítica que dedicada a la literatura genera un concepto que puede ser usado fuera de allí. Esos son los críticos que a mí me interesan, es decir, que uno lee sobre literatura leyéndolos, y sólo sobre literatura; pero lo que dicen sobre literatura construye un concepto que puede ser usado para leer funcionamientos sociales, modos del lenguaje, estructura de las relaciones. Entonces, si uno, por ejemplo, lee el libro de Auerbach, *Mimesis*, hace una experiencia con los problemas de la representación. Entonces la cuestión no es hasta dónde ese libro es pertinente en todas las lecturas que hace de cada uno de esos textos, desde Homero hasta Virginia Woolf, sino qué tipo de laboratorio es ese libro, qué tipo de experimentos propone en relación al mundo social. Ahí es donde yo establezco la construcción de un concepto por un crítico: el concepto de "alegoría" en Benjamin, digamos.

Bueno, es un concepto que él extrae de Baudelaire y extrae de la lectura del drama barroco, pero es un término muy útil para estudiar determinado tipo de experiencias del mundo moderno. O sea que yo funcionaría al revés, algunos dicen: "Hay que venir de una verdad social e ir con ella a la literatura", y esa sería la validez de la crítica. Yo diría: "La crítica construye a partir del análisis de los textos un concepto que puede ser usado en el mundo social".

Cristina Pérez Labiosa: En *Comunidades imaginadas*, Benedict Anderson establece una relación entre el museo moderno y la creación de identidades nacionales. La máquina narrativa en *La ciudad ausente* cumple algunas de las funciones del museo. Si el museo es una institución que controla las identidades, ¿qué implicaciones tiene para una ciudad como Buenos Aires y un país como Argentina?

RP: Es muy buena la idea de que en realidad el libro es un debate sobre identidades, que la novela está también metida en ese asunto. Yo quisiera agregar a eso, que me parece está muy bien leído y sobre lo que yo no puedo decir mucho, en el sentido de que yo no puedo decir mucho sobre las interpretaciones de la novela y si la novela puede ser leída en ese registro me parece pertinente... No puedo agregar mucho, pero sí puedo decir que el museo puede entenderse en la dinámica de la discusión sobre la vanguardia. Se ha visto mucho la tensión museo/mercado. Siguiendo en esto algunas hipótesis de Benjamin, el crítico italiano Eduardo Sanguinetti ha escrito algunas ideas muy interesantes: para escapar del mercado la vanguardia va a parar al museo y que la dialéctica entre mercado y museo es una dialéctica que forma parte de la tradición de la vanguardia y que en realidad eso es la vanguardia. Y, por supuesto, que esto en las artes plásticas es bastante visible, esta tensión, esta ida y vuelta entre museo y mercado y las hipótesis más bien se han ido haciendo cada vez más claras. En el caso de la literatura, debemos entender museo en un sentido más metafórico, debemos entender museo quizá como canon o lugar donde se guardan las obras. Para mí, la imagen de museo que tengo son las universidades norteamericanas. Me parece que el museo contemporáneo en el mundo de la literatura, para empezar por ahí, está muy ligado al modo en que las universidades norteamericanas crean un espacio dentro del cual está conservada la cultura europea, y no sólo la cultura europea, sino cada vez más las culturas de distintos lugares y cada vez más el debate es cómo conservar en este museo al mismo tiempo todas las culturas, un debate muy intenso sobre la necesidad de que no vaya a quedar afuera ninguna cultura minoritaria de este museo. Entonces, hay como un debate sobre eso: cuidado con excluir del museo —en el sentido de qué es lo que se exhibe y se estudia en el espacio contemporáneo de la consagración y de la conservación— determinado tipo de culturas que han quedado marginadas. Entonces, por ese lado yo trabajaría la cuestión, respondería de

una manera más espontánea al punto este, más que
en relación a la novela, donde la categoría de museo
viene de Macedonio, porque, por supuesto, ustedes
saben, la novela de Macedonio se llama *Museo de la
novela de la Eterna*, lo cual tiene que hacernos pensar
sobre el uso de ese concepto en Macedonio. Y James
[Irby] ha escrito ya sobre la cuestión de por qué se
llama "museo" esa novela y sobre sus relaciones con la
utopía y con los sistemas de clasificación, porque por
supuesto el museo, como la sociedad utópica, es un
sistema de clasificación, de exclusiones e inclusiones.
En el caso de la novela, cuando yo la escribí pensé
que la máquina tenía que estar en un museo. La forma
vino por ahí: un objeto mítico, fuera de circulación y
por lo tanto un museo, un sistema de corredores y de
vitrinas, donde la máquina está conservada.

Ahora, en el caso de la Argentina, que la pregunta apunta ahí, la situación con la historia y con la
tradición y con el museo es una situación extraña.
Cuando uno estudia el Caribe o viaja a México y hace
la experiencia de ver lo que son esos museos y esas
tradiciones densas y piensa en la Argentina, en el Río
de la Plata, se da cuenta que los museos son figuras de
construcción de la identidad un poco forzadas. En la
Argentina hay un museo histórico, el Museo de Luján:
no hay nada en ese museo, no hay nada, digamos,
porque es una historia construida sobre el vacío. Es
muy difícil encontrar una densidad en la construcción
de la identidad en el museo en un país como la Argentina, donde todo es nuevo o al menos donde todo

está marcado, desde el principio, con la noción de novedad y de abandono del pasado. Pero, en definitiva, lo que yo diría es que la categoría de museo es muy interesante pensarla en términos de esta tensión con el mercado y con la tradición.

Arcadio Díaz-Quiñones: Su primer libro de relatos, *La invasión*, obtuvo una mención en el Concurso de Casa de las Américas en Cuba en 1967. Como muchos otros escritores durante esos años, su vida intelectual fue marcada por la delimitación de la "vanguardia" política y cultural representada por la Revolución Cubana y sus muchos alrededores. Hoy el colapso de aquella utopía ha generado muchos textos melancólicos y críticos. En *La ciudad ausente* se recogen relatos de "arrepentidos". ¿Qué significó para Ud., para su política y para su poética, para su comprensión del lugar de la ficción, la utopía y el debate en torno a la Revolución?

RP: Fue un elemento fundamental. Habría que poder reconstruir el clima que acompañó el triunfo de la Revolución Cubana en enero de 1959 para los jóvenes estudiantes de toda América Latina, y por supuesto también de la Argentina. Uno de los líderes era argentino, el Che Guevara, una figura muy próxima a todos nosotros por su experiencia, por su trayectoria. Habría que recordar el efecto que produjo ese acontecimiento en el interior del movimiento estudiantil muy marcado por las experiencias latinoamericanas anteriores: la intervención norteamericana en Guatemala, Arbenz, la caída del peronismo, y toda una serie de acontecimientos que son el contexto dentro del cual se recorta la Revolución Cubana. Fue una marca muy fuerte. Si yo tengo que decir francamente qué efecto tenía en mí y en muchos de mis amigos, diría que hizo posible pensar la experiencia del socialismo fuera del modelo de la Unión Soviética. Eso fue un elemento importantísimo para la gente de mi generación: una alternativa a la Unión Soviética. Mucho de lo que sucede entre los intelectuales y en la historia cultural de América Latina entre 1959 y el momento en que Fidel Castro y la dirección cubana apoyan la invasión de Checoslovaquia, en 1968, está marcado por la posibilidad de una alternativa al marxismo soviético. Pero esa ilusión se corta. La idea de que era posible construir una alternativa que no fuera la vía soviética, la burocratización, Stalin, el Gulag, el realismo socialista, liquidar cualquier forma alternativa de cultura...

Al mismo tiempo, para muchos de nosotros, por medio de Brecht, seguía viva la experiencia de la vanguardia soviética de los años veinte. El formalismo ruso, la crítica de Tinianov, el cine de Eisenstein, la literatura *fakta* de Tretiakov, las primeras experiencias con la narrativa de no-ficción digamos, las experiencias de El Lissitsky, la poesía de Maiakovski, de Ana Ajmatova. Se veía la posibilidad de una relación entre cultura de izquierda y producción artística que no respondiera al esquema del realismo y al esquema mortal de lo que era la poética explícita de los partidos comunistas y de la Unión Soviética en relación con el debate sobre el arte, la crítica literaria, los intelectuales. Contra eso peleábamos. ¿Cómo se transformaban esos debates en el interior de las tradiciones nuestras? Luchábamos por cambiar la lectura de Borges, de Arlt, que, vistos desde esa posición monolítica, no formaban parte del canon de lo que debía leer un escritor "progresista". Borges por motivos que ustedes se imaginan, y Arlt porque era demasiado perverso y caótico. Aunque esto parezca cómico, era el modo en que se leían esos textos. Ahora la cultura de izquierda era el ámbito de la discusión y tenía un peso muy fuerte porque era antagónica a la cultura oficial, a la cultura tradicional. Nos desarrollamos en un espacio de construcción de la figura del escritor que era antagónica y paralela a la estructura de la cultura establecida. Había una serie de figuras que servían para ese debate: Brecht, Sartre, el formalismo ruso, y sus distintas derivaciones, cierta tradición italiana, figuras como Pavese que habían estado cerca del Partido Comunista en Italia y después habían hecho otra cosa. Nos parecía que podían ser alternativas a ese tipo de literatura de izquierda que se estaba promoviendo.

Yo diría que tiene que ver con mi formación, con la formación de toda una generación. En mi caso, tomé distancia rápidamente de la Revolución Cubana, en el momento en se alió con los soviéticos porque yo era maoísta, lo cual puede parecer exótico visto hoy, pero no era tan exótico en esos años. El maoísmo en aquel momento representaba posiciones básicamente anti-soviéticas pero también anti-cubanas, contrarias a la línea que estaba tomando la Revolución Cubana, el foquismo pro-soviético, y el latinoamericanismo a la García Márquez. El maoísmo era una salida extravagante, pero no había muchas opciones. En aquel tiempo la discusión giraba sobre las experiencias políticas concretas y entonces la experiencia china, la experiencia vietnamita, aparecían como tradiciones populistas que nosotros leíamos desde la vanguardia, a la luz de Brecht, del *Me-Ti*, el libro chino de Brecht sobre la historia del marxismo. Muchos de nosotros nos mantuvimos ajenos a la cubanización general. Los cubanos me invitaron en enero del '68, publicaron mi libro en 1967 y me invitaron, pero cuando vieron lo que yo pensaba todo se enfrío y ya no volví. Yo había dejado de pertenecer al círculo cubano porque era maoísta. Básicamente éramos críticos de los soviéticos y considerábamos que eran imperialistas. Considerábamos que la Unión Soviética no solamente era un falso país socialista sino que encima era un país imperialista. Ese debate en el mundo intelectual por un lado nos preservó del riesgo militarista; nos preservó de la experiencia de la guerrilla guevarista, porque nuestra posición era totalmente antagónica con esa idea foquista de que había un grupo de iluminados que llevaban la historia detrás suyo. Y nos preservó del latinoamericanismo profesional de los pro-cubanos; de esa especie de versión de América Latina que en los años 70 los cubanos promovían desde la revista *Casa de las Américas*.

Hay algo que dice el poeta Auden: "A veces los poetas adscriben a posiciones ideológicas extremas, se hacen católicos, espiritistas, se hacen marxistas o fascistas, para cambiar su poética". Auden señala que los poetas se adscriben a un sistema de creencias tan complejo que les permite por fin modificar lo que están escribiendo. Yo no sería tan extremo como Auden, pero diría que las posiciones políticas estaban muy ligadas a los debates de poéticas. No eran para nosotros posiciones políticas puras: eran discusiones en el interior de la literatura que tomaban también características de debates sobre posiciones políticas.

Paul Firbas: Ahora que el debate sobre la posmodernidad ha cambiado de tono en los Estados Unidos y se habla más bien de la "globalización", ¿cree usted que también la literatura se está "globalizando" y que estamos viviendo el final de la construcción romántica de las literaturas nacionales? ¿Cuál es el lugar de la literatura latinoamericana en el contexto de la globalización? Y, si me permite agregar otra pregunta en ese sentido, ¿cuál es la relación del escritor Ricardo Piglia con los instrumentos tecnológicos de la globalización?

RP: Es una pregunta muy complicada y muy vasta, pero yo voy a decirles lo que estoy pensando sobre este asunto. Creo que hay una tensión hoy en el debate, no sé si es real o no, pero existe una discusión. Parece haber una tensión entre cultura mundial y cultura local. Más que "globalización" yo hablaría de una cultura mundial que tiende a imponerse, en definitiva es la cultura norteamericana, en sus rasgos más visibles, impuesta como cultura mundial. Esta visión única y abstracta se contrapone, diría yo, a los espacios locales, zonas definidas, áreas y tradiciones culturales muy situadas. En un sentido ya no existe la mediación nacional, o se diluye, entre la cultura mundial y la zona, digamos, no hay mediación. En literatura tenemos muchos ejemplos que anticipan esta situación: Rulfo, Guimarães Rosa, pasan de una tradición local, de una lengua oral, campesina, muy situada, a formas y técnicas narrativas muy sofisticadas y cosmopolitas, digamos, ligadas a Joyce y a Faulkner, quienes a su vez negocian con la tradición literaria y con la cultura contemporánea, desde el Dublin católico, desde el Sur de los EE.UU. Los mejores escritores resisten desde una posición que tiene que ver con un espacio que no es un espacio nacional. Uno podría ver a Borges en esa tensión: por un lado, el cosmopolitismo y la circulación de las tradiciones, y a la vez un barrio en el sur de la ciudad. O Saer, que es un escritor muy atento a la circulación de los debates filosóficos y literarios, pero él está siempre en Santa Fe, ni siquiera en Santa Fe, en Rincón que es un pueblo de la provincia. O Pavese, que se movía en una zona del Piamonte y que al mismo tiempo era traductor de Melville y reelaboraba continuamente la tradición de la literatura norteamericana y los grandes mitos clásicos. ¿Qué dice la literatura? Querría decirnos que hay experiencias previas o paralelas a los momentos de construcción de la nación como instancia de identidad que plantean una relación entre las tradiciones locales y la cultura mundial sin la mediación del estado nacional, sin que la literatura nacional funcione como mediación. El lugar del cual el escritor es: desde ahí ha mirado lo universal sin que lo nacional sea la mediación. Porque estos escritores siempre tienen conflicto con la metrópoli. Por ejemplo, Saer dijo: "Yo me fui a París sin pasar por Buenos Aires". Esto sería como el gesto de poética más elegante. "No voy a ir a Buenos Aires en donde está manejado el poder nacional de la literatura". Metafóricamente, digamos, evita la metrópoli que unifica, el centro que controla la circulación nacional de los bienes culturales. Ahí me parece que pasa algo y tendríamos que pensarlo.

La literatura "latinoamericana" es un término que para mí está cada vez más puesto en cuestión, no porque nosotros no tengamos que trabajar con ese contexto y no porque no tengamos que enseñar esa tradición y esa cultura, que tiene obviamente mucha importancia histórica y política. La aspiración a la unidad latinoamericana es una consigna que viene desde la guerras de Independencia y es muy legítima. Pero me parece que la literatura está un paso adelante de esa discusión, hoy en día, sobre lo latinoamericano y todas sus cristalizaciones. Cada vez más, creo que debemos apuntar a trabajar con áreas culturales y tradiciones localizadas. Quizás también debemos comenzar a distinguir el área del Caribe, el Río de la Plata o la región andina, etc., y no trabajar con un criterio

tan amplio en el que todas las tradiciones se van a
entreverar de una manera relativamente homogénea.
Yo creo que deberíamos mantener la categoría de lo
"latinoamericano", obviamente porque somos latinoamericanos y pensamos que esa tradición y ese campo
de estudio es el nuestro, pero que a la vez tenemos que
estar atentos a la red de tradiciones que encuentran su
propio espacio.

En cuanto a los instrumentos tecnológicos, tengo
una relación como todo el mundo de mi generación:
una relación interesada y conflictiva. Tiendo a des-
materializarme, que es la base de la cultura actual, es
decir, he pasado de la máquina a la computadora, de
la correspondencia al *e-mail*, de los encuentros personales a las largas conversaciones telefónicas, de la sala
de cine al video, de leer manuscrito a leer en la pantalla. Incorporé la computadora tardíamente, en 1990.
Todos los libros anteriores a *La ciudad ausente* están
escritos con una máquina portátil, con una Lettera 22
de Olivetti, que mi padre me había regalado en 1959
y en esa máquina escribí todo durante treinta años.

Miro mucha televisión. Descubrí la televisión en
los Estados Unidos. Una de las temporadas que pasé
en Princeton en el 1987, creo que fue, me pasé como
tres meses viendo televisión porque descubrí los canales de cable. Venía de Buenos Aires donde había
sólo tres o cuatro canales y me encontré aquí con un
horizonte de setenta canales y en un sentido cuando
empecé a entrar y salir de esos programas tuve una
visión de lo que era una ciudad y esa experiencia está,

me parece, muy ligada a *La ciudad ausente*, la ciudad es como una red de canales en los que uno puede entrar y salir, una red de historias superpuestas y paralelas, que funcionan todo el tiempo aunque uno no esté ahí.

Kit Cutler: ¿Existe la gran novela latinoamericana?

RP: Lo mejor sería que yo dijera no, y ahí terminaríamos la conversación. Sería una buena respuesta, pero demasiado rápida porque por supuesto se han escrito muy buenas novelas a partir del estado de la lengua y de las tradiciones narrativas en distintas regiones de América Latina. Quizás no son las que se consideran "las grandes novelas latinoamericanas" o quizás las mejores novelas que se han escrito no tienen nada que ver con lo que se entiende vulgarmente por novela latinoamericana. Obviamente yo creo que *El museo de la novela de la Eterna*, de Macedonio Fernández, es una gran novela latinoamericana; *Morirás lejos* de José Emilio Pacheco; *Las hortensias* de Felisberto Hernández, *Para una tumba sin nombre* de Onetti, *Yo el Supremo* de Augusto Roa Bastos, *Río de las congojas* de Libertad Demitropulos, *Sombras suele vestir* de Bianco. Hay libros que me parecen realmente muy importantes y que no se pueden definir en términos de la "gran novela latinoamericana". Cuando decimos "la gran novela latinoamericana" nos referimos más bien a lo que ha sido la retórica del "boom" y de todo el circuito que generaba esa noción. Me parece que los

narradores que escribimos hoy en América Latina estamos en otra tradición, estamos menos preocupados
por la diferencia latinoamericana y más conectados y
en diálogo con lo que pasa en las literaturas en otras
lenguas. Obviamente me siento mucho más cerca de
John Berger o de Calvino que de García Márquez.

Michelle Clayton: Usted ha notado en varios escritos que "lo más importante nunca se cuenta". En
su opinión —o en su experiencia— ¿el género de la entrevista también se trama a base de dos historias: una
articulada y otra secreta, por reconstruir?

RP: Se supone que es así. Digamos que uno cuando contesta las preguntas parece que contesta desde
un lugar del saber pleno: ése es el inconveniente que
tienen las entrevistas. Son un diálogo pero, a diferencia del diálogo de las novelas que se basa en el sobreentendido y en la media palabra, es una conversación
que trabaja la ilusión de agotar el sentido de lo que se
dice. Y por supuesto la ficción estaría ahí, la ficción
de un sujeto que habla desde un lugar del saber pleno,
sería una construcción imaginaria, porque en verdad
se trata de hipótesis siempre en camino que esconden
otras hipótesis contradictorias, otra historia que serían
las vacilaciones, las dudas y los caminos equivocados y
los desvíos que uno remite como cuestiones abiertas.
Lo que tiene de bueno la entrevista es que en algún
sentido tiene una forma platónica, como si hubiera un
saber que está más allá de los que hablan, algo que se

debe recordar o reconstruir. Por eso en un punto tiene siempre algo de interrogatorio más que de conversación. Es una conversación, pero también al mismo tiempo hay siempre algo que se trata hacer decir. Quizás en una conversación con los amigos uno habla de lo mismo pero sin la transcripción, todo se pierde en la memoria, mientras que en la entrevista hay siempre una situación estratégica, la ilusión de fijar un momento. Es como una fotografía, y en una fotografía uno tiende siempre a componer una expresión.

6. RICARDO PIGLIA: LOS AÑOS DE PRINCETON

Arcadio Díaz Quiñones

Cuesta mucho imaginar la literatura latinoamericana en Princeton sin la presencia de Ricardo Piglia. Se trata no sólo de un novelista admirado sino también de un profesor querido, autor de ensayos brillantes sobre literatura argentina y sobre el arte de la ficción. Piglia estuvo ligado a Princeton durante casi veinticinco años desde que fue nombrado *Senior Fellow* del *Council of the Humanities* en 1987. Fue el comienzo de una estadía prolongada, pues regresó muy pronto, invitado de nuevo por el Departamento de *Romance Languages* desde el otoño de 1988 y durante todo el año 1989. En los noventa, enseñó en la Universidad de Buenos Aires, pero entre 1997 y 2000 volvió a Princeton en varias ocasiones, siempre como profesor visitante en *Romance Languages*. En esa década también enseñó en Harvard y en la Universidad de California, en Davis. En 2001, cuando se creó en Princeton el *Department of Spanish and Portuguese Languages and Cultures*, le ofrecieron un puesto de carácter permanente, y Piglia aceptó. Desde entonces hasta su jubilación en 2011 ocupó la cátedra *Walter S. Carpenter Professor of Language, Literature, and Civilization of Spain*.

En Princeton, Piglia fue una figura clave, un miembro dinámico y comprometido de los Departamentos académicos y también del Programa de Estudios Latinoamericanos. Dictó cursos memorables para *undergraduates*, ofreció seminarios en el programa de doctorado, hizo contribuciones muy valiosas a la producción intelectual de alumnos y colegas, y fue creando un círculo de amistades. La Argentina y Buenos

Aires eran su hogar, el mundo de los afectos y las experiencias que le han dado forma a su vida y a sus ficciones. Pero Princeton se convirtió en un lugar especial. Como profesor visitante en los años ochenta y noventa, y después en cada otoño desde 2001, parecía siempre contento de estar de vuelta en New Jersey. Princeton le daba la posibilidad de liberarse de las presiones y los compromisos que derivan de su condición de escritor reconocido, de "retirarme de la línea de fuego", escribía con ironía en una carta de 1997. Pero la lealtad es una de sus virtudes, y Piglia mantuvo una absoluta fidelidad a su familia y a sus amigos en Buenos Aires y Mar del Plata. Estaba constantemente en contacto con ellos por teléfono, por cartas escritas a máquina y enviadas por fax, y después por correo electrónico.

El novelista y su esposa Martha Eguía (Beba), artista y traductora, volvían a Princeton cada septiembre para el comienzo del año académico. Se instalaban muy cerca de la Universidad en departamentos que alquilaban en Stanworth, en Bayard Lane, y más adelante en su acogedora casa de Markham Road 28, bellamente restaurada por la propia Beba. Después de vaciar los baúles que habían dejado en depósito y de llenar los estantes con nuevos libros, revistas y videos, Piglia empezaba con su rutina, regida por la distancia y la sociabilidad. Temprano a la mañana escribía en su casa. A menudo se escondía en la Biblioteca Firestone para trabajar intensamente en la preparación de sus seminarios. La Biblioteca universitaria era un paraíso.

Hablaba con entusiasmo de los tesoros que iba descubriendo: primeras ediciones, biografías literarias o
ediciones de correspondencias, y colecciones comple-
tas de viejas revistas que podía usar en sus cursos.
Prefería dar clases por la tarde, y después cumplía con
puntualidad los horarios de consulta en su oficina, situada en la tercera planta del edificio East Pyne, altura
suficiente para ver desde allí la Biblioteca y la Capilla
de la Universidad. Muchos estudiantes iban a verlo.
Hacia el final del día disfrutaba del hábito de encontrarse con amigos para conversar de política, de libros
y de películas, en sus cafés y bares predilectos, primero
en The Annex, en Nassau Street y luego en el bar del
restaurant Lahieres, en Witherspoon Street, hoy desa-
parecidos, o en el restaurant chino de North Harrison
Street. Era un placer escuchar sus sagaces comentarios
sobre la obra de Joyce, Fitzgerald, Raymond Chandler,
Philip Dick, Thomas Pynchon y Don DeLillo. De vez
en cuando se le podía ver en su recorrido por las calles
principales del pueblo en dirección a la West Coast
Video o a la Biblioteca Pública de Princeton en busca
de videos. Su pasión por el cine y por algunas de las
series que ofrecía la televisión era contagiosa, y los
amigos estaban a la espera de sus opiniones.

En las reuniones académicas, las intervenciones de
Piglia eran precisas e incisivas. Se tomaba muy en serio
el trabajo de leer borradores de tesis de sus estudiantes
o artículos de sus colegas, aportando sugerencias concretas y un experto ojo de editor. La inteligencia, la capacidad para escuchar respetuosamente —y el sentido

del humor— con que participaba en defensas de tesis o en mesas redondas, han dejado una marca duradera en nuestra comunidad. Todos contaban con su participación y apoyo, crítico y a la vez cordial, siempre atento no sólo a los trabajos sino también a la persona. Las conferencias de Piglia eran un lujo que nadie se quería perder. Sus observaciones acerca de la forma en que Wiltold Gombrowicz, Italo Calvino o Bertolt Brecht hablaban de literatura invariablemente arrojaban luz sobre su propia poética. Su habilidad extraordinaria para exponer nos hacía recordar que una conferencia es también un arte.

Piglia y Beba se identificaron siempre con la cultura de izquierda. Se mantuvieron muy atentos a las discusiones generadas en la década de los noventa por el derrumbe del socialismo, las transiciones a la democracia en América Latina, la política del consenso en Chile, la crisis del sandinismo, la rebelión zapatista en Chiapas, los discursos sobre el fin del Estado o el fin de la Historia, y por el avance del neoliberalismo. Por esos años, Albert O. Hirschman, uno de los intelectuales más venerados en Princeton, y muy admirado por Piglia, publicó su libro *The Rhetoric of Reaction* y también sus reflexiones acerca de la democracia en América Latina. También es preciso recordar que durante esos años en Princeton, como en otras universidades, las influyentes figuras de Edward Said y Gayatri Chakravorty Spivak sentaron las bases para el desarrollo de los estudios llamados postcoloniales, y, por tanto, para otros debates.

Al hablar de su relación con Princeton, adquiere gran relevancia el deseo de Piglia de incorporar otras voces a esos debates. Dedicó mucho tiempo, en efecto, a promover el trabajo de escritores y artistas. El lugar especial que ocupaba le permitió contribuir de otro modo al diálogo, haciendo uso de los recursos que la Universidad ofrecía para crear espacios de encuentro. Lo hizo en el marco de los Departamentos y en colaboración con el Programa de Estudios Latinoamericanos, fundado en los años sesenta. El primer director del Programa fue el gran historiador Stanley J. Stein. Allí Piglia tuvo una cálida bienvenida desde sus primeros años hasta los últimos, en que el director era otro historiador, Jeremy Adelman.

Tocamos aquí un núcleo decisivo de las intervenciones de Piglia: la organización de visitas que ofrecieron múltiples oportunidades para conocer a escritores, artistas y cineastas contemporáneos. En esos años de transformaciones tan dramáticas contribuyó decisivamente a construir nuevas redes intelectuales y espacios para repensar el lugar de la literatura y del arte. En abril del año 2000, co-auspiciado por el Programa y el Departamento de *Romance Languages*, y gracias en buena medida a sus esfuerzos, tuvo lugar un simposio sobre "La literatura después de Borges" que convocó a participantes como Margo Glantz y David Huerta de México, Juan José Saer y Arturo Carrera de Argentina y Vanessa Droz y Noel Luna de Puerto Rico, y a los críticos Michael Wood, Carlos Rincón y Daniel

Balderston. Era un homenaje a James Irby con motivo de su jubilación.

Un proyecto particularmente fructífero fue el Festival de Documentales de Princeton que Piglia fundó en 2002 en colaboración con el cineasta argentino Andrés di Tella, quien sería su Director. Esa iniciativa permitió que la comunidad universitaria viera, en casi todos los casos por primera vez y en gran profundidad, documentales de América Latina y España, y dialogaran personalmente, entre otros directores, con João Moreira Salles, Sandra Kogut, José Luis Guerín, Albertina Carri, Edgardo Cozarinsky, Juan Carlos Rulfo, Luis Ospina y el propio di Tella. Piglia también fue responsable de que figuras como el pianista y compositor Gerardo Gandini, y los estudiosos Cristina Iglesia y José Fernández Vega visitaran el campus. También fue por iniciativa suya que críticos e intelectuales de la talla de Carlos Altamirano, el psicoanalista Germán García dictaran conferencias y participaran en seminarios en la Universidad, y que el artista de vanguardia Roberto Jacoby hablara sobre su trayectoria y diera a conocer su *Proyecto Venus* y la revista *ramona*.

Las disputas políticas se intensificaron aún más después de la crisis desatada en la Argentina en 2001 y del clima bélico imperante en los Estados Unidos desde el 11 de septiembre del mismo año. Paralelamente, en América Latina se eligieron nuevos gobiernos de izquierda en Venezuela, Brasil y Bolivia. La estancia más prolongada de Piglia en Princeton tuvo como telón de fondo político esos acontecimientos y sus múltiples consecuencias. No obstante, como él ha dicho, las grandes crisis representan momentos de verdad y de ocultamiento; los finales y los principios favorecen el impulso renovador de las prácticas políticas, y son propicios para nuevas búsquedas formales y artísticas.

2

Resulta innecesario, y de todos modos sería imposible, hacer aquí un repaso detallado de la carrera de Piglia antes de su llegada a Princeton en enero de 1987. Pero sí es importante señalar los hilos significativos que unen su trayectoria como escritor, editor y crítico con su trabajo docente. Piglia cursó la carrera de Historia en la Universidad Nacional de La Plata, y allí se inició como profesor ayudante en la Cátedra de Historia Argentina I. El diálogo con los historiadores ha tenido un rol tan central en su trabajo como lo fue, según él mismo contaba en Princeton, el encuentro con jóvenes marxistas en La Plata, como lo era José Sazbón, quien sería su amigo de toda la vida. En Princeton, contra algunas corrientes postmodernas de los años ochenta y noventa, Piglia insistió en el valor de la verdad histórica y en la especificidad del trabajo historiográfico.

Por otro lado, en los comienzos de su carrera participó en la fundación de la influyente revista literaria y política *Los Libros* (1968-1974), y trabajó como editor. En 1968 comenzó la publicación de la primera serie de novelas policiales editada por el joven Piglia: *La Serie Negra* en la editorial Tiempo Contemporáneo, como puede verse en la "Conversación en Princeton" que republicamos en este volumen. Hay que recordar que de 1970 a 1973 dirigió para la misma editorial la notable *Colección Trabajo Crítico*, que publicó, entre otros, la influyente *Introducción a la literatura fantástica* de Todorov, el libro, clásico, de Josefina Ludmer, *Cien años de soledad: una interpretación*, y ensayos de Sartre, Adorno y Lukács.

Entre su producción temprana se encuentran los provocativos ensayos y ficciones que abrieron el camino para una relectura de autores como Domingo F. Sarmiento, Jorge Luis Borges, Roberto Arlt y Gombrowicz. El joven Piglia ganó reputación como escritor, incluyendo un premio otorgado por Casa de las Américas en Cuba, donde su primer libro de cuentos, *Jaulario*, fue publicado en 1967. El jurado lo integraban Virgilio Piñera, Dalmiro Sáenz y Jesús Díaz. Piglia viajó a la isla a finales de ese año, y permaneció allí hasta el histórico Congreso Cultural de La Habana, a principios de 1968. En ese viaje vivió una situación inesperada: su encuentro en un hotel con Virgilio Piñera. Guardaba recuerdos de su sorpresa al verlo frágil y atemorizado, y escucharlo decir, según nos contaba Piglia, que en el hotel había "micrófonos por todos lados". Esa imagen quedó grabada en su memoria.

En 1975 Piglia publicó en la Argentina el volumen de relatos *Nombre falso*, que incluye su celebrada novela corta "Homenaje a Roberto Arlt", en la que se pone de manifiesto la pasión por la novela policial y por la investigación que también caracterizará su trabajo como profesor.

Todo cambió poco después. Durante la dictadura militar argentina, entre 1976-1983, años en que los escritores y artistas de izquierda trabajaban en extremo peligro, Piglia permaneció en Buenos Aires casi todo el tiempo. Buena parte de su trabajo posterior, literario y docente, fue marcado por el rigor de la represión y por las varias formas de resistencia. En 1977, y por iniciativa del destacado latinoamericanista Joseph Sommers, fue invitado junto a Josefina Ludmer a enseñar durante un semestre en la Universidad de California, en San Diego. Era su primer viaje a los Estados Unidos. Gracias a la amistad con Sommers, tuvo su primer encuentro con el vibrante movimiento chicano y con la vida en la frontera. También en California entabló lo que sería una larga amistad con Jean Franco, otra prominente latinoamericanista, compañera de Sommers.

De vuelta a la Argentina, y al igual que ocurrió con otros intelectuales de izquierda, Piglia continuó excluido de las instituciones estatales. Como Ludmer, y muchos otros, se ganaba la vida dictando seminarios privados para escritores y estudiantes universitarios, en lo que constituía una auténtica universidad subterránea. En 1978, en años de torturas y desapariciones, Piglia fue uno de los co-fundadores, junto con Beatriz Sarlo y Carlos Altamirano, de la importante revista cultural *Punto de Vista*. Su primera novela, *Respiración artificial* (1980), de un modo indirecto pero provocativo, coloca al lector frente al miedo y la persecución generados por el terror estatal. Puso valientemente a prueba los límites de lo que se podía decir. La novela fue aclamada tanto por críticos literarios como por historiadores, y le trajo a su autor reconocimiento internacional. Traducida al inglés por Daniel Balderston, destacado especialista de las letras latinoamericanas, doctorado en Princeton, *Respiración artificial* continúa brindando herramientas indispensables para los debates sobre la diferencia —fundamental para Piglia— entre la verdad histórica y la ambigua verdad de la ficción. Ya Néstor Perlongher, en una extraordinaria entrevista que le hizo a Piglia en São Paulo en 1987, justo después de su primera estancia en Princeton, entablaba un diálogo sobre otra cuestión clave en esa novela y en los cursos de Piglia: la relación entre literatura y política.

En 1983, con la apertura democrática, Piglia volvió a dictar cursos en la Argentina: un seminario sobre Borges en la Universidad Nacional de La Plata. En marzo de 1984 ofreció un seminario sobre Roberto Arlt en la Facultad de Filosofía y Letras de la Universidad de Buenos Aires. Muy pronto retomó también su trabajo como editor. Dirigió la colección *Los mundos posibles* para Folios Ediciones, en las que en 1983 se publicaron *Ley de juego* de Miguel Briante, y *El entenado* de Juan José Saer.

3

La fama ganada por Piglia como novelista y cuentista ha impedido valorar el alcance de su labor docente y su enorme respeto por la investigación académica innovadora. En Princeton no dio clases de "escritura creativa" ni dirigió talleres. Pero estaba permanentemente reflexionando sobre los géneros literarios, los comienzos y los finales de los textos narrativos, el problema de la verdad en la ficción o en la crónica, y sobre el nudo que enlaza lo poético y lo teórico. El *profesor* Piglia establecía una distinción muy clara: no enseñaba literatura; enseñaba modos de leer. En esa defensa de la lectura y del poder del lector sobre el texto, citaba, por supuesto, a Borges. Fue igualmente explícito en su interés por analizar la diversidad de poéticas populistas y de vanguardia, y la historia de la lectura. Sus seminarios de posgrado abrían nuevos terrenos para futuras investigaciones. Por otra parte, insistía con los estudiantes en la importancia de afirmar los proyectos propios, y hablaba con frecuencia de la necesidad de cuestionar las exigencias de una profesionalización que tiende a imponerles determinados lenguajes críticos o políticas de investigación a los jóvenes. A menudo le escuchamos reivindicar con vehemencia la importancia de la identificación personal. "El crítico es aquel que encuentra su vida en el interior de los textos que lee", escribió en *Formas breves*.

En Princeton, Piglia asumió con gusto el título de profesor. Enseñó regularmente sus ya legendarios cursos sobre Borges, encantado de continuar la excepcionalmente brillante tradición borgeana de Princeton establecida por James Irby y Sylvia Molloy. Desde el comienzo, también manifestó su interés por dictar cursos introductorios de narrativa latinoamericana contemporánea en español a *undergraduates* sumamente talentosos que leían y a menudo hablaban muy bien el idioma, pero sin mucha familiaridad con el tema. Eran lectores con una cultura literaria propia con sus clásicos y otras referencias, y un amplio bagaje de películas, series televisivas y géneros como la ciencia ficción. Para él era una ventaja: no la *tabula rasa*, pero sí pocas ideas preconcebidas, lo cual permitía entrar en materia rápidamente. El desafío residía en ofrecer textos y plantear cuestiones que estimularan su interés. Sus cursos incluían sobre todo cuentos y la teoría del cuento, *nouvelles* y novelas, y un canon que incluía autores como Horacio Quiroga, Juan Rulfo, Juan Carlos Onetti, Borges, Silvina Ocampo, Manuel Puig, García Márquez, Augusto Monterroso, Elena Garro, Guillermo Cabrera Infante, Julio Cortázar, o José Emilio Pacheco. Estos "classics and commercials" —para citar el título de un libro de Edmund Wilson, el ilustre crítico formado en Princeton— eran usados como provocaciones para guiar a los alumnos hacia textos que les hablaran de otra manera, o para describir un camino que permitiera conectarse con otros mundos. En muchos de los *undergraduates*, algunos de los cuales sólo tenían una vaga idea del Piglia autor de cuentos y novelas, el *profesor* Piglia iba a dejar una impresión imborrable.

En 1998, en uno de sus retornos, generosamente aceptó participar de una conversación con alumnos que habían estado leyendo sus textos en un seminario y habían preparado una detallada lista de preguntas acerca de sus prácticas de lectura, escritura y enseñanza. En esa larga *Conversación* habló, entre muchas otras cosas, de su experiencia como militante maoísta en los años sesenta, de la relación profunda que tiene la docencia con su propia biografía intelectual, y de la forma en que pensaba su trabajo en las universidades norteamericanas.

4

Para Piglia, la enseñanza no parece ser un obstáculo para la escritura. Se entregaba a su trabajo docente con gran pasión, lo cual explica el entusiasmo que generaba a su alrededor. Los sílabos de sus cursos que se conservan en los archivos universitarios constituyen un precioso material de consulta. Impecables, con una escritura escueta, esos programas nos permiten ver no sólo sus contenidos sino también su manejo de géneros sintéticos parecidos a veces a la rapidez fulgurante de sus "tesis" y sus "notas en diarios". Pueden leerse, en efecto, como un diario en el que sus lecturas y las clases se van convirtiendo en el comienzo mismo de su escritura. La pedagogía es clave en su poética, al igual que ocurre con algunos de los escritores que más admira. Piglia tiene una alta opinión de algunos textos didácticos escritos por poetas y novelistas, como *El ABC de la lectura* de Ezra Pound, los consejos del "Decálogo del perfecto cuentista" de Quiroga, el ensayo "Contra los poetas" de Gombrowicz, los cursos de literatura y las opiniones contundentes de Nabokov y, siempre, los textos de Brecht.

Se podría ir más lejos y decir que, en tanto que escritor, Piglia necesitaba las clases. A lo largo de los años, ofreció una gran variedad de cursos que se relacionaban con sus propios intereses y simultáneamente querían responder a la sensibilidad de los estudiantes. Se estrenó en 1987 con uno que llevaba el título "La ficción en América Latina: el caso de la novela argentina". En él se condensaban ya algunas de las cuestiones que abordaría en otros seminarios. Comenzaba con la lectura de Sarmiento, los problemas de "la escritura política y el lugar de la ficción". Después trataba el tema de "novela y utopía" en la obra de Macedonio Fernández, y "el complot y el poder de la ficción" en Roberto Arlt, y "la ficción y la cultura de masas" con Puig. Ese seminario cerraba con textos de José María Arguedas y Alejo Carpentier con el fin de plantear el tema de "el escritor y el mercado literario" y las relaciones entre "ensayo y ficción".

En 1989, ofreció otro seminario que repitió varias veces y que con el tiempo llegó a identificarse claramente con su nombre: "Las tres vanguardias". Lo describía así: "El marco de referencia será la situación de la literatura argentina después de Borges", y abría con una clase sobre "Teoría de la vanguardia. Novela y cultura de masas: la situación posmoderna". Habría que detenerse en las palabras clave que emplea. Ese año, los textos de Saer, Puig y Walsh le servían de base. A partir del examen de la obra de Saer, a quien concede un lugar privilegiado, se preguntaba por "la vanguardia negativa. Lírica y experimentación. La posición del artista" y por "Novela y narración. La descripción. Tiempo de la experiencia, tiempo del relato". Los textos propuestos eran *La mayor* y *La ocasión*. A este respecto, es importante recordar que Piglia se mantenía muy atento al desarrollo de la Colección Latinoamericana de Manuscritos y Correspondencias de la Biblioteca Firestone. Y, según informó Fernando Acosta, el bibliotecario latinoamericanista de Princeton, Piglia, en su último año, jugó un importante rol de mediador e hizo posible que la Biblioteca adquiriera los papeles de Saer.

Volviendo al seminario sobre las vanguardias, el marco para la lectura de Puig, basado en las novelas *The Buenos Aires Affair*, y *El beso de la mujer araña*, se definía de la siguiente manera: "Cultura de masas y cultura de élite. El éxito. El mundo literario como ficción criminal". Y más adelante: "La reproducción, la copia. El psicoanálisis como folletín. El cuerpo y el relato", seguido de "El narrador ausente. Géneros menores y relato popular". Con la obra de Walsh, representada por *Operación masacre* y *Los oficios terrestres*, auscultaba las relaciones entre periodismo y literatura: "La *non-fiction*. Periodismo y novela política. El género policial". Ese año el seminario concluía con preguntas clave en torno a Walsh y a la novela: "La política y el fin de la novela. La narración fragmentada. Las formas breves". Leer esas descripciones es como penetrar en el laboratorio secreto del escritor Piglia.

En otros cursos examinaba los diferentes modos en que escritores como Virgilio Piñera, Puig o Alejo Carpentier imaginaban las historias nacionales o el modo en que las subvertían. Su énfasis en la capacidad de algunos textos literarios de comprender desde dentro las tradiciones culturales, o de invertir sus presupuestos, atraía a los estudiantes a las clases de Piglia. Un rasgo distintivo de sus cursos, además, era la inclusión de críticos, historiadores y filósofos que han escrito textos de fuerte carácter teórico sobre la narrativa o sobre la lectura: los formalistas rusos, Bajtín, Erich Auerbach, Walter Benjamin, Lukacs, Roger Chartier, o Carlo Ginzburg, han sido referencias continuas en sus seminarios y en sus propios textos.

Es tentador ver algunos de los ensayos de Piglia como el resultado de la experiencia pedagógica acumulada. Así, por ejemplo, las concisas meditaciones de Piglia sobre el arte de la ficción en "Tesis sobre el cuento" —publicadas originalmente en 1986—, y luego las "Nuevas tesis sobre el cuento", ambas incluidas en ese pequeño gran libro, *Formas breves* (1999). En ese sentido, la serie de provocativos ensayos de su libro *La Argentina en pedazos* (1993) es fundamental. Forma una lente indispensable a través de la cual observar la fracturada tradición literaria argentina. Esos ensayos están llenos de ideas originales y de hipótesis productivas, y han modelado a menudo los términos del debate crítico. Es difícil no percibir ecos más profundos en el título de ese libro: avanza desde Echeverría y Lugones a los dos linajes de Borges y a las exploraciones desafiantemente heterodoxas de Arlt sobre el rol del dinero y sobre el delito. Piglia es citado a menudo en trabajos académicos, o aunque no se cite, se perciben las marcas diseminadas de sus interpretaciones. Muchas de las lecturas críticas sobre esos autores que circulan hoy están basadas en las perspectivas que él planteó en esos textos, así como en las entrevistas incluidas en las sucesivas ediciones de su libro *Crítica y ficción*.

En Princeton, Piglia se dio a conocer rápidamente entre los estudiantes por su aguda sensibilidad para las condiciones históricas específicas en que las obras literarias se originan y por la forma de desentrañar su universo político y cultural. Tomemos como ejemplo otro de sus primeros cursos, en el otoño de 1989: "El peronismo y la cultura argentina". En él proponía "analizar el peronismo como una clave de la cultura argentina del siglo XX, desde el ascenso al poder del general Perón en 1945 hasta los conflictos abiertos por la candidatura presidencial del gobernador Carlos Menem en las elecciones de 1989". Como vemos delinearse en el sílabo, Piglia proponía investigar a fondo una tradición política y a la vez una serie de relaciones tensas entre política y ficción. Estableció las bases con un amplio espectro de autores y textos, desde Los orígenes del peronismo de Juan Carlos Portantiero hasta los temas "la cultura peronista" y "Eva Perón y el populismo" en la *Eva Perón* de Libertad Demitropulos. Se planteaban preguntas cruciales sobre las funciones sociales de la literatura, desde la resistencia peronista en Operación masacre de Rodolfo Walsh hasta los textos de Borges, "El simulacro" y "La fiesta del monstruo", y también "Sábado de Gloria", de Martínez Estrada. Otra sesión se dedicó a "El regreso de Perón y las elecciones de 1973. La violencia política", partiendo del texto de Eliseo Verón, *Perón o muerte*. Después se incluían sesiones sobre el peronismo en el tango, el cine y la radio, con tangos de Enrique Santos Discépolo y de Homero Manzi. En el sílabo se continuaba con las nuevas generaciones de escritores, representadas por *Responso* de Juan José Saer y *La traición de Rita Hayworth* de Puig. Las sesiones finales se centraban en las interpretaciones del peronismo ofrecidas desde el nacionalismo y el liberalismo, con textos de A. Jauretche, *El medio pelo en la sociedad argentina*, y de Ernesto Sábato, *El otro rostro del peronismo*. Y concluía con la inscripción del peronismo en un marco más amplio: "La interpretación del peronismo es un modo de discutir los problemas y las contradicciones de la cultura moderna en América Latina". Piglia afianzaba así un modo de leer que era, al mismo tiempo, una posición política: no la tradición como memoria sagrada con sentido único, sino como lucha en el que entran en juego los antagonismos sociales y culturales.

En la primavera de 1989 ofreció un curso sobre "Novela y dictadura: el poder autoritario en la tradición literaria" que podríamos ver hoy como un documento de su propia biografía. En él proponía analizar "las formas que adquiere la narración en un contexto de represión política", concretamente en la Argentina de 1976 a 1982. En la descripción se anunciaba así: "se estudiarán los signos de la política autoritaria en el lenguaje y en la vida cotidiana de la época" y asimismo "los usos de la ficción y de la no-ficción en la representación literaria". En las primeras sesiones se leyeron textos de Borges, Arlt y Lugones, y después se pasó al tema de "El estado autoritario y la guerra sucia" y "El ejército como fuerza clandestina", para lo cual servía el texto más atravesado por el trauma, el *Nunca más* de la Comisión Sábato. Otra sesión estuvo dedicada a Humberto Constantini y también a Manuel Puig, cuyos libros habían sido prohibidos, seguramente por las referencias a la tortura, pero también por la sexualidad diferente que desplegaban. El tema era el exilio: "La patria perdida como tradición de los intelectuales", con fragmentos de *Pubis angelical* de Puig, y *En la noche*, de Constantini. Es uno de los pocos cursos en los que Piglia se nombra a sí mismo como escritor e incluye sus propios textos: fragmentos de *Respiración artificial*, en la sesión dedicada a "las formas cotidianas del terror político". Era el testimonio de un sobreviviente, alguien que sabía, como el Walter Benjamin de las *Tesis de filosofía de la historia*, que ni siquiera los muertos estarán a salvo.

En 1997, el mismo año en que publicó la novela Plata quemada, Piglia ofreció otro seminario sobre uno de sus temas recurrentes: "La ficción paranoica: el género policial en América Latina", que tuvo gran repercusión. Incluyó autores por los que sentía una especial predilección, entre otros Edgar Allan Poe,

Juan Carlos Onetti, Gombrowicz, Rodolfo Walsh y Vladimir Nabokov, todos ellos incluidos en su libro de 1999 *Crímenes perfectos: antología de relatos*. La riqueza conceptual y formal aparece con claridad en los sílabos, en los que, además, se leían textos sobre la paranoia, el secreto y los indicios de Freud, de Simmel, de Elias Canetti, y de Carlo Ginzburg.

Piglia introdujo después otro curso muy apreciado: "La literatura argentina y el tango", un tema que ya estaba muy presente en *La Argentina en pedazos*. En este curso Piglia proponía estudiar el género a partir de un corpus de canciones, cantantes, textos literarios, grabaciones, películas y ensayos históricos. Se trataba de una exploración de lo que el tango dice acerca de cómo son los argentinos cultural e históricamente, y de lo que el tango es como narrativa, como educación sentimental, y como *performance*. El acto de contar historias tiene que ver con la escritura y la lectura, pero también con la escucha de palabras concretas, de la música, de las voces específicas y muchas veces con relatos de un final conmovedor. Todo ello obliga a prestar atención a los contextos culturales y políticos, y también a las creencias y afectos de los que el tango emergió y en los que persiste.

Para ampliar lo que los alumnos y colegas de Princeton le debemos a Piglia hay que dirigir la atención al curso que dictó sobre Ernesto Che Guevara, primero en el año 1999, y luego en 2003 y 2007. Era un intento apasionado por pensar la complejidad de su biografía, y, a partir de ahí, quizá la de la propia tradición política. La primera sesión se titulaba significativamente "Guevara en la historia cultural de América Latina". Una vez más, la prosa concentrada del sílabo revela un andamiaje muy pensado: una selección de los textos del Che y sobre él, y del archivo de fotografías y documentales, que permitían entradas y correspondencias múltiples en la "vida y la leyenda" del guerrillero. Llevaban asimismo a otras referencias icónicas, y, sobre todo, a la consideración de escenas de lectura. Piglia se mueve con facilidad y elegancia a través de un amplio espectro de fuentes historiográficas y testimoniales, cartas y textos poéticos. Algunas sesiones estuvieron dedicadas a los orígenes familiares de Guevara, a su infancia y al viaje por América Latina, así como los inicios de su vocación de escritor. Su práctica como médico y soldado en la guerrilla en Sierra Maestra, y luego como dirigente de Estado quedaban enmarcados por los debates en la literatura y el cine cubanos con la novela de Edmundo Desnoes *Memorias del subdesarrollo* y el film de Tomás Gutiérrez Alea. Las sesiones centrales fueron dedicadas a las disputas en el interior del movimiento revolucionario: "El pensamiento del Che Guevara. Intervenciones y polémicas. Tendencias y tensiones en la revolución cubana", "La experiencia del Che en la guerra del Congo". Finalmente, con el tema "Guevara en Bolivia" se problematizaban sus actuaciones políticas hasta que marcha a la guerrilla y a su muerte. Aparte del Diario en Bolivia, se leyeron textos de Cortázar, Nicolás Guillén, Gonzalo Rojas, Eliseo Diego, Cintio Vitier y Juan Gelman, entre otros que ofrecen interpretaciones poéticas, así como las biografías de Jorge Castañeda y Paco Ignacio Taibo; y se incluyeron documentales como *El día que me quieras*, de Leandro Katz.

Más que un esquema y menos que un ensayo, el sílabo de este curso es una suerte de *work-in-progress* en torno al itinerario literario y político del personaje histórico. Guevara es también clave en su libro *El último lector* (2005). Ahí se incluye un ensayo deslumbrante basado en una conferencia sobre Guevara que Piglia leyó en el año 2000 en el Centro de Documentación e Investigación de la Cultura de Izquierdas en la Argentina (CeDINCI). En ese texto construyó un retrato novedoso: Guevara como el más elusivo de los sujetos; como lector y aspirante a escritor, radicalmente transformado por la experiencia cubana; como un actor político cada vez más aislado; y como un guerrillero con vocación pedagógica. El retrato nos invita a poner en el centro a un Guevara absorto en la lectura y la escritura.

5

Después de años de enseñanza en universidades norteamericanas, Piglia recalcaba la necesidad de ver a América Latina y el Caribe como un conjunto de países unidos por una larga historia, pero también caracterizados por importantes diferencias, cuyas tradiciones nacionales merecían ser estudiadas con detenimiento. En Princeton participó en los continuos debates académicos acerca de las áreas cubiertas por

Español y Portugués, de los rangos y jerarquías implícitos y explícitos en el hispanismo norteamericano, y del lugar a menudo incierto de Brasil. En sus intervenciones insistía en la necesidad de estudiar críticamente el discurso nacional, sus inclusiones y exclusiones, y de romper con un abstracto "latinoamericanismo" que se presentaba como máquina de integrar la diferencia. Piglia se manifestaba contra algunos clichés relacionados con la noción de "realismo mágico", que llegó a utilizarse de manera casi intercambiable con lo "latinoamericano", e impedía ver, desde un punto de vista crítico más exigente, la heterogeneidad de poéticas y de contextos.

En efecto, son cuestiones políticas y poéticas que lo apasionan. El imaginario de la nación no es el espejo de los intereses económicos, como sostenían algunos en la tradición marxista. Interesado siempre en una lectura gramsciana de las tradiciones nacionales y populares, Piglia destacaba, además, la libertad inventiva de los escritores. No extraña, pues, la fascinación que siente por textos de José María Arguedas, João Guimarães Rosa, José Luis González, Cabrera Infante o Luis Rafael Sánchez. Los considera particularmente sensibles a los modos peculiares del habla, con un oído muy fino para percibir voces vivas y fantasmales y gran capacidad para el paso de lo oral a lo escrito. Piglia alentaba a sus alumnos a leerlos como verdaderos contemporáneos y a respetar la originalidad de textos que permiten ver otra memoria "en construcción" mediante el lenguaje y la ficción. Insistía, sobre todo, en evitar leerlos en función de lo que sus autores "deberían" escribir en tanto latinoamericanos.

Por otra parte, los años de Princeton le permitieron a Piglia ver de cerca zonas del mundo latino, sus formas de sociabilidad, y también el poder violento y abusivo que las rodea. Él y Beba iban con frecuencia a Filadelfia para visitar a su familia. Allí vive Roberto Madero, el hijo de Beba, quien estudió y obtuvo el doctorado en Princeton. Beba, además, organizaba escapadas a Nueva York para encontrarse con amigos o para asistir a exhibiciones en museos y galerías, viajes de los que regresaban con historias para contar. En Manhattan o el Bronx, en Trenton, y en Princeton mismo, un pueblo heredero de la tradición patricia colonial y republicana, Piglia quedó fascinado con la magnitud de las nuevas comunidades mexicanas, haitianas o guatemaltecas y sus maneras de encarar la vida cotidiana. Desde fuera, se mantenía constantemente alerta a las palabras y a los silencios. Percibía la radicalidad desafiante de algunas de sus prácticas culturales y sus sentidos identitarios, y, simultáneamente, lo frágil de sus organizaciones políticas.

En las clases y en los diálogos académicos Piglia mostró especial interés por la aparición de una creativa y nueva producción literaria en español y en inglés, y por los debates críticos acerca de las diásporas latinas. Se interesó asimismo por las disputas por los nombres: *Hispanic*, *Latino*, *Chicano*, o *Afro-Latino*, y la coexistencia tensa con las filiaciones históricas y políticas de las definiciones nacionales. A la vez, lamentaba la falta de apertura del hispanismo académico ante esa realidad —o su indiferencia—, en contradicción con la frecuente invocación del número elevadísimo de hablantes de la lengua. La posición de Piglia en Princeton era muy clara. Se podría resumir aproximadamente en estos términos: las prácticas de las diásporas hacían posible pensar de otra manera a América Latina y tender puentes entre los conflictos del presente y del pasado.

Piglia practica, como le gusta decir, una "antropología salvaje", y en Nueva York o en Princeton registraba las voces que le permitían asomarse al modo en que en las comunidades latinas la gente trata de escabullirse de la violencia discriminatoria. Citaba y comentaba con placer palabras nuevas para él, frases sueltas o "infracciones" gramaticales en español o en *espanglish*, convencido de que ni el Estado ni las instituciones educativas pueden controlar el lenguaje o la memoria de una comunidad. En ese sentido, era fascinante escucharlo hablar sobre los relatos de José Luis González, como "La noche que volvimos a ser gente" y los usos políticos de la memoria de la diáspora puertorriqueña en Nueva York y el valor de la vida comunitaria, afectiva y familiar. O también "Una caja de plomo que no se podía abrir", otro cuento de González que gira en torno a la entrega militar de los puertorriqueños al matadero de la guerra de Corea.

Hay otros recuerdos muy especiales de los años de Princeton. Tanto Beba como Piglia se mostraron muy solidarios de *Gente y Cuentos*, un programa fundado por su amiga de Princeton Sarah Hirschman, inspirado por el pensamiento de Paulo Freire y puesto en práctica durante años por un grupo de fieles colaboradores. Lo central de *Gente y Cuentos* es la lectura en voz alta y en pequeños grupos de relatos de escritores latinoamericanos. Esa lectura en voz alta, como ocurre en las clases, nunca es independiente de sus destinatarios. Es el punto de arranque para un largo diálogo con los participantes, por lo general mujeres y hombres pertenecientes a comunidades latinas. El programa, "tildado de populista" por algunos, es celebrado por Piglia en su bello prólogo al libro que recoge la experiencia, y que tituló "Usos de la narración". Quienes intervienen en la discusión de los cuentos son, en palabras de Piglia, "personas ajenas a la literatura, muchas de ellas sin educación formal y en condiciones de pobreza y marginalidad".

No obstante, Piglia es muy consciente de la persistencia de los viejos prejuicios contra los inmigrantes, sus lenguas y su cultura, y del silencio de muchos ante su criminalización. Después tanto tiempo en los Estados Unidos, es muy crítico de la configuración social y política del cuerpo nacional y de sus formas de exclusión. Sus últimos años en Princeton fueron, además, los de las guerras en Irak y Afganistán, de la legitimación de la tortura y del espionaje de los propios ciudadanos estadounidenses. Ello no significa que sólo vea racismo e imperialismo en la vida norteamericana. De hecho, conversar con Piglia acerca de estas cuestiones conduce, gracias a su ojo irónico y autocrítico, a nuevas discusiones y analogías con las sociedades de Argentina y América Latina y sus no menos excluyentes y violentas historias. Estas cuestiones forman parte del entramado de sus ficciones. Y la vida intelectual y la literatura norteamericanas, como a Piglia le gusta recordar, gozan de una larga tradición crítica y tienen mucho que decirnos sobre esos conflictos. Durante años tuvo en su oficina de East Pyne una fotografía enmarcada de Faulkner, una foto que había sido tomada en Nassau Street.

***

Durante su último año en Princeton, Piglia publicó en España *Blanco nocturno* (2010), una nueva novela sobre la que trabajaba mientras vivía en New Jersey. Varios de sus amigos quisimos organizar una presentación de su novela en la Universidad. Pero tampoco esa vez logramos convencerlo. En Princeton, insistió, quería ser el profesor, no el novelista.

Princeton, noviembre de 2012

TABLA DE CONTENIDOS

Ricardo Piglia nació en Adrogué, provincia de Buenos Aires, en 1941. En 1955 su familia se mudó a Mar del Plata. En 1967 apareció su primer libro de relatos, *La invasión*, premiado por Casa de las Américas. En 1980 apareció *Respiración artificial*, de gran repercusión en el ambiente literario y considerada como una de las novelas más representativas de la nueva literatura argentina.

Ricardo Piglia tiene un perfil literario poco común: combina la crítica con la creación literaria sin subordinar una a la otra. Sus investigaciones literarias y sus narraciones han tenido gran impacto en los círculos artísticos y académicos de América latina, así como en un creciente número de lectores. La trayectoria literaria de Piglia se ha ido consolidando cada vez más en el ámbito internacional con editoriales europeas de primer nivel que asumieron el desafío de difundir su obra. Su ficción se caracteriza por incorporar elementos de la crítica literaria sin perder la frescura y agilidad que todo lector espera en un relato.